KB043655

정말로 머리가 좋아지는
세계 최고의 아이 영어

HONTONI ATAMA GA YOKUNARU SEKAISAIKO NO KODOMO EIGO
by Jun Saito
Copyright ⓒ2017 Jun Saito
Korean translation copyright ⓒ2021 by KyoungWon Books
All rights reserved.
Original Japanese language edition published by Diamond, Inc.
Korean translation rights arranged with Diamond, Inc.
through Tony International

정말로 머리가 좋아지는
세계 최고의 아이 영어

초판 1쇄 발행   2021년 10월 7일

지은이   사이토 준
옮긴이   김경인

펴낸곳   경원북스
주소   서울시 광진구 아차산로 375(B1, 105호)
전화   02-2285-3999
팩스   02-6442-0645
인쇄   두경M&P
이메일   kyoungwonbooks@gmail.com

ISBN 979-11-89953-23-2 (03370)
정가 15,000원

공부 머리 좋아지는 영어 공부법

정말로 머리가 좋아지는
세계 최고의 아이 영어

사이토 준 지음 | 김경인 옮김

경원북스

프롤로그

왜 영어가 '진짜 똑똑한 아이'를 키워낼 수 있는가?

"JPREP에 다니면서부터 제일 먼저 국어 성적이 올랐어요!"

이것은 학부모님들께 자주 듣는 이야기다.

'뭐, 국어라고? 영어에 관한 책 아니었어? 대체 무슨 소릴 하는 거야?'라고 놀라는 당신, 부디 안심하시라.

이 책은 틀림없이 아이의 영어 실력을 높여주기 위한 책이고, 내가 대표로 있는 〈JPREP〉는 주로 영어를 가르치는 학원이다.

영어학원인데 국어부터 성적이 먼저 오르는 아이가 있다.

'왜'라고 생각하는가?

(물론 영어성적도 머잖아 쑥쑥 올라간다!)

미리 답을 말하자면, 내가 지금부터 말하고자 하는 공부법이 '영어 실력'뿐만 아니라 혼자 힘으로 뭔가를 배우고 생각하는 종합적 능력, 이른바 '지력'을 높여주기 때문이다.

이 책을 손에 든 독자 대부분은 '우리 아이도 영어를 잘하면 좋을 텐데……'라는 막연한 바람을 가지고 있을 것이다.

하지만 아이가 영어공부를 올바르게 학습하면, 학교성적이 좋아진다느니 외국어를 술술 유창하게 할 수 있다느니 하는 표면적인 장점 '이상의 것'을 얻을 수 있다.

물론 영어는 단지 도구에 불과하다.

다만, '진짜 똑똑한 아이'로 키우고 싶은 사람에게는 영어야말로 가장 확실하고 가장 믿음직스러운 '최강의 도구'다 — 이런 믿음으로 이 책을 썼다.

과학적인 식견에 기초한 '영어의 최단 루트'

이렇게 말하는 나는 '어린이 영어교육' 세계에 발을 들여놓은 지 그리 오래되지 않았다. 일본에 돌아온 2012년까지, 나는 미국 코네티컷주에 있는 **예일대학**에서 연구자로 일했다.

평소에는 물론 '영어로' 강의를 했지만 결코 '영어를' 가르쳤던 것은 아니다. 내 전공은 비교정치경제학. 내 입으로 말하기는 뭣하지만, 영어교육과는 거의(라기보다는 전혀!) 인연이 없는 세계에서

살았다.

하지만 일본에 돌아와 '제로'에서 시작한 중고생 대상의 영어 학원이, 고작 4년 만에 3천 명 이상의 학생이 다니는 학원으로 성장할 수 있었다.

지금은 All English로 교육하는 영어유치원과 초등1~6학년을 대상으로 하는 KIDS클래스, 그 밖에도 국어와 수학, 프로그래밍, 유학지도 등의 커리큘럼까지 갖추고 있다.

"그런 신생 학원이 왜 그렇게 인기가 많아? 뭔가 비밀이 있는 거야?"

이런 질문을 곧잘 듣곤 하는데, 사실 특별한 건 아무것도 없다.

다만 응용언어학과 교육학, 심리학, 뇌과학 등의 '과학적 근거'에 입각한 교육법, 세계적 관점으로 보면 '지극히 당연한 것'을 우직하게 실천해왔을 뿐이다.

공교육이 됐든 사교육이 됐든 이 '지극히 당연한 것'을 제대로 알고 수업하는 곳은 놀라울 정도로 소수에 불과하다. 선생님들 한 분 한 분의 노력만으로는 해결할 수 없다. 입시구조를 비롯해 현상유지에 대한 압력이 너무 강하기 때문이다.

솔직히 이 책을 읽고 있는 부모님과 교육관계자 중, "나, 영어로 말할 수 있는 사람이야!"라고 단언할 수 있는 사람은 불과 몇 %에 불과할 것이다.

외국어 습득의 왕도에서 벗어난 교육을 받아왔으니 당연하다면 당연한 결과다.

이 책의 교육방법을 조금만 연구하고 실천하면, 어떤 아이든(그리고 어른도!) 확실하게 효과를 올릴 수 있다. <u>특별한 기술도 재능도 필요하지 않다.</u>

그렇기에 나와 같은 아마추어도 아이들의 영어 실력을 비약적으로 높이고, 수십 명에서 시작했던 학원을 수천 명 규모로까지 성장시킬 수 있었던 것이다.

예일대 유학생조차 영어를 못해

"그래도 그렇지, 예일대라는 자리를 박차고 국내에서 영어학원을?"

이것은 귀국해서부터 수없이 들어온 질문이다.

10만 부 이상의 베스트셀러가 됐던 나의 전작, 『세계 비원어민 엘리트의 영어공부법』에도 그 사정을 적긴 했지만, 그 책을 읽지 않은 독자들을 위해 다시 한번 설명하면 이렇다.

내가 몸담았던 예일대는 이른바 아이비리그(Ivy league : 미국 동부의 명문 사립대 8곳) 중 한 곳으로, <u>세계 최상위의 고등교육기관</u>으로 알려져 있다. 그러다 보니 예일대에는 세계 곳곳에서 우수한 학생들이 속속 모여든다. 아시아권으로 말할 것 같으면 일본을 비롯해 한국과 중국에서 온 학생들이 많다.

그런 학생들과 연구를 하고 토론을 하노라면, 아무래도 마음에 걸리는 것이 있었다.

그것은 '일본인 유학생만이 유독 영어를 못한다!'는 사실이다.

예일대 대학원에 진학하는 학생 중에는 이를테면 도쿄대 출신 학생도 있다. 하지만 그런 엘리트 학생조차 아무리 시간이 지나도 영어 실력은 좀처럼 늘지 않고 여전히 미숙한 채로 있다.

도대체 왜 일본인 유학생만 유독 영어를 못하는 것일까?

기존의 교육법으로 '영어를 말할 수 있는 아이'를 키울 수 없다

그런 차이는 교육에 원인이 있다고 보는 것이 자연스럽다.

요컨대 '가르치는 방법이 틀렸다'는 말이다.

영어뿐이라면 그나마 다행인데, 문제는 그것만이 아니었다.

일본 출신의 학생은 강의 중의 발언이나 논문 등에서도 다른 나라 출신 학생들보다 뒤떨어져 있었다(물론 우수한 학생도 있지만).

세계 엘리트학생과 일본형 수험수재와의 차이를 눈앞에서 목격한 나는, '이대로 가다가는 큰일 나겠다!'라는 위기감이 하루하루 더해갔다.

예일대에 유학할 정도의 학생마저도 이 정도로 영어 실력, 아니 그전에 사고력과 표현력이 부족하다면, 일본의 교육은 '결함 투성이'라는 결론을 내릴 수밖에 없었기 때문이다.

이러지도 저러지도 못하고 있던 나는, 일본의 선거에 출마해 중의원 의원이 되었다.

당시는 아직 30대의 나이였고, 한창 예일대 박사 논문을 쓰던 중이었기 때문에 주변 사람들의 놀라움은 엄청났다.

그렇지만 나는 아주 진지하게 "대학에서 '정치학'이나 연구하고 있을 때가 아니다! 내가 직접 '현실의 정치'를 바꾸지 않으면 안 된다!!"는 생각에 사로잡혀 있었다. 연이어 당선된다면 문교부 정책 의원으로서 일본의 교육을 바꾸고야 말겠다는 포부를 품고 있었다.

그런데 안타깝게도 두 번째 선거에서 낙선. 그 후 예일대에서 박사학위를 취득한 나는 몇몇 대학을 거친 후 조교수(Assistant Professor) 자격으로 예일대로 돌아가게 되었다.

하지만 시간이 흘러도 앞서 말한 문제의식은 사라지지 않았다.

그러다 결국 예일대를 그만두고 귀국한 후 도쿄와 야마가타현에서 작게 영어학원을 시작하였다. 요컨대 국가 차원에서 '위로부터' 교육을 바꾸겠다는 포부 대신, 기업가로서 '아래로부터' 변화를 꾀하겠다는 게릴라 전술로 전환한 것이다.

'영어 실력'은 부모가 아이에게 주는 최고의 선물

이상의 에피소드에서도 알 수 있듯이, 나는 단지 '아이의 영어 실력'에만 문제의식을 느끼고 있었던 것이 아니다.

그러다 보니, 당연한 얘기겠지만, 기존의 수험엘리트를 양성하는 일에는 더욱 관심이 없었다.

앞으로 세상이 어떻게 변해도 그 안에서 씩씩하게 사고하고 유연하게 살아갈 수 있는 **진정한 지성**을 키워주고 싶을 뿐이다.

다소 의례적인 말처럼 들릴지 모르지만, 이것이야말로 현재 아이를 키우는 부모들의 실질적인 바람이 아닐까 생각한다.

나도 열다섯 살 딸과 여섯 살 아들을 둔 아버지로서, 아이들에게 바라는 것은 그 이상도 이하도 아니다.

이제 더는 '좋은 대학에 들어가면 안심'이라느니 '영어만 잘하면 된다'느니 하는 시대가 아니라는 사실은 부모 세대인 우리 자신이 뼈아플 정도로 잘 알고 있다.

당연히 아이에게 영어를 가르치고 싶은 부모도, '영어만 유창하게 말하면 그걸로 충분하다'라고는 생각하지 않을 것이다. 하물며 아이의 '학교성적 향상'이나 '명문학교 합격'만을 바라는 부모도 없을 것이다.

그런 표면적인 능력보다, 향후에 세계 어디서나 행복하게 살 수 있는 진정한 '총명함'을 배우길 바랄 것이다. ─ 그것이 아이를 가진 부모의 진심이 아닐까.

그런 바람직한 바람을 가진 사람에게 외국어 학습의 기회는 어른이 아이에게 줄 수 있는 최고의 선물이라고 나는 생각한다.

'학교 공부를 잘하는 수재'가 아니라 '진짜 똑똑한 아이'로 키우고 싶다면, 일단 먼저 영어부터 시작해볼 일이다.

사실, 아카데믹한 연구분야에서도 '외국어 학습의 기회가 아이의 지적 능력과 IQ를 향상시킨다'는 연구결과들이 축적되고 있다[1]

제2 언어습득이 뇌에 미치는 긍정적인 영향에 대해서는 신경과학이나 인지과학 분야에서도 증거에 입각한 연구결과가 상당수 제출되고 있다. 그중에는 "바이링궐(2개 국어 이상을 자유자재로 구사하는 사람)은 나이를 먹어도 치매에 잘 걸리지 않는다"는 연구결과까지 있을 정도다[2].

앞서 소개한 '영어학원인데 국어성적이 먼저 오른다'는 에피소드에서도 알 수 있듯이, 영어를 제대로 배우면 영어 이외의 실력도 동시에 향상된다. 이것은 단순히 내 개인의 경험담이 아니라 확실한 학술적 증거도 있는 엄연한 사실이다.

---

1   Bialystok, 2011; Costa & Sebasti n-Gall s, 2014
2   Craik & Freedman, 2010

영어 실력과 지성은 '환경 만들기'가 90%

한편, "부모인 내가 영어를 못하는데 우리 아이라고 잘할 수 있겠어?"라고 지레 포기하고 있는 부모님은 없는지?

혹시라도 그렇다면 그처럼 안타까운 일은 또 없을 것이다. 이 책에서 소개하는 공부법은 독자 여러분의 영어 실력과는 전혀 상관없다.

어떻게 그게 가능하냐고?

이 책의 내용은 **제2 언어습득**(SLA:Second Language Acquisition)이라는 학술분야에서 최대공약수적으로 밝혀낸 원칙을 베이스로 하고 있기 때문이다.

SLA의 연구자들이 지향하는 것은 언어학만이 아니라 인지심리학이나 사회과학 등의 다양한 접근을 통해 '인간이 외국어(=제2언어)를 습득할 때의 일반적인 메커니즘'을 밝혀내는 것이다[3].

SLA의 원리는 이른바 인류에게 공통되는 외국어 습득의 보편적 메커니즘이므로, 아이는 물론 여러분 자신의 영어 실력을 높이는 데에도 도움이 될 것이다.

어른이라고 포기할 필요는 전혀 없다.

또 영어학원을 경영하는 내가 말하기는 좀 그렇지만, 특별한

---

3   Saville Troike & Barto, 2016

기술이 필요한 것도 아니다.

여러분 집에서 얼마든지 할 수 있는 것들이고, 아이의 영어 실력과 지력을 크게 좌우하는 것은 오히려 **환경 만들기**라는 사실을 염두에 두기를 바란다.

'환경 만들기'라는 것이 아주 거창하게 느껴지겠지만 사실 '작은 아이디어와 계기'면 충분하다.

그로써 아이의 미래는 틀림없이 크게 달라진다.

마지막으로, 변화하는 대학입시에 적합한 수업을 어떻게 만들까로 고민하는 중고등학교 선생님들은 물론, 초등학교에서의 '영어 필수화'로 당혹스러운 교원 여러분에게도 이 책의 내용은 반드시 도움이 되리라 생각한다.

그런 의미에서, 현역의 교육관계자 여러분도 이 책을 꼭 읽어보길 바란다.

아이에게 '작은 분기점'을 전해주자

솔직히 어린 시절의 나는 결코 공부를 잘하는 수재가 아니었다.

나고 자란 곳은 야마가타현 사카타라는 시골이다. 대학진학을 위해 도쿄로 상경할 때까지는 그 지방 사투리의 '네이티브 스피커'였으며, 표준어는 이른바 '외국어'처럼 습득한 셈이다.

쌀농사를 지으셨던 부모님은 딱히 교육열이랄 것도 없어서, 어릴 때 '공부해라' '영어 공부해라' 등의 잔소리를 하신 기억이 전혀 없다.

그런 시골 소년의 마음을 움직인 것은 할아버지께서 주신 단파 라디오였다.

초등학교 3학년 때부터 단파방송에 푹 빠진 나는, 해외의 라디오방송을 언제나 설레는 마음으로 들었다. 바다 너머의 전파를 간신히 잡아서 영어뉴스와 서양음악에 귀를 기울이는 것이 너무너무 좋았다.

그 만남이 없었다면, 〈학자 → 정치가 → 기업가〉라는 다소 특이한 이력을 밟아온 현재의 나는 아마 없었을 것이다.

그래서 이 책에 담은 나의 바람은 단 하나다.

부모님과 선생님들이 이 책을 통해 그러한 '계기'를 꼭 발견할 수 있기를….

무엇이든 단 '하나'면 충분하다.

아이가 어른이 되었을 때, '그때 그것이 지금의 나를 있게 해주었는지 모른다'라고 느낄 수 있는 '작은 분기점'을 아이에게 선물해주길 희망한다.

계기만 있으면, 아이는 반드시 세계를 향해 날개를 힘차게 펼칠 것이다.

이 책은 두 개의 파트로 구성되어 있다.

PART 1〔기초편〕은 언어습득의 메커니즘에 관한 연구성과를 살펴보면서, 영어를 습득하기 위한 '상식'과 '표준적인 사고방식'에 대해 정리했다. 우선은 순서대로 읽어나갈 것을 추천한다.

PART 2〔실천편〕에서는 구체적인 활동과 교재 등을 소개한다. 어떤 언어든(외국어든 모국어든) 충분히 습득하기 위해서는 어느 정도의 학습시간이 필요하다. 즐기면서 계속하기 위한 꿀팁이 되기를 바라는 마음으로 정리했다.

'이론은 됐고, 일단은 구체적으로 무엇을 해야 하는지를 알고 싶다!!'는 사람은 PART 2부터 시작해도 좋을 것이다.

자! 서론은 이쯤 해두고 이제 본론으로 출발!!

차례

◆ 프롤로그 왜 영어가 '진짜 똑똑한 아이'를 키워낼 수 있는가?   · 004
과학적인 식견에 기초한 '영어의 최단 루트' : 예일대 유학생조차 영어를 못해 : 기존의
교육법으로 '영어를 말할 수 있는 아이'를 키울 수 없다 : '영어 실력'은 부모가 아이에게 주는
최고의 선물 : 영어 실력과 지성은 '환경 만들기'가 90% : 아이에게 '작은 분기점'을 전해주자

Part 1 기초편   · 027

영어 실력이 느는 아이, 늘지 않는 아이…… 어디가 다를까? : '영어를 할 줄 아는 부모'일수록
아이의 영어 실력을 망친다? : 모든 것은 '잘못된 학습법'을 버리는 것부터 : 언어습득에는
'과학적인 결론'이 대부분 나와 있다 : 이론은 이론. '나이별 학습법'은 필수

CHAPTER 01
영어를 '스스로' 배울 수 있는 아이로 키우다   · 036
◆ 발상전환 ① '문자'가 아닌 '소리'로 배운다

▶ '최고의 어학습득법'은 아기가 알고 있다   · 036
▶ 소리부터 시작하면 단기간에 실력 UP!   · 037
▶ 영어학습의 '세계표준'인 파닉스   · 039
▶ '진짜 소리'를 머리에 기억하게 하는 파닉스 학습법   · 040
▶ '처음 본 단어'라도 읽을 수 있게 된다   · 043
▶ 듣기만 해도 모르는 단어를 쓸 수 있다   · 044
▶ 파닉스는 '스스로 공부하는 아이'의 토대를 만든다   · 046
▶ 영어 발음의 우리말 표기는 백해무익!   · 047
▶ '로마자'나 '발음기호'부터 익히는 것은 어떨까?   · 048
▶ 알파벳의 필순, 틀려도 좋다!   · 050

CHAPTER 02

아이에게 '영어두뇌'를 선물한다 · 052

▮ ◆ 발상전환 ② '단편'이 아닌 '통째'로 배운다

▶ 어린아이에게 '영문법 First'는 NG · 052
▶ 수험영어에 공통되는 '모듈조립'이라는 사고방식 · 053
▶ '가공식품 같은 영어'만 섭취하면 안 된다 · 055
▶ '영상'으로 배우면 영어의 '소화력'은 비약한다 · 056
▶ 문법학습에는 '상황'이 빠져있다 · 058
▶ 왜 '카드로 배운 단어'는 도움이 안 될까? · 059
▶ 아이의 단어는 <Picture Dictionary>가 최고 · 060
▶ 언어의 규칙을 '스스로 발견'하게 한다 · 062

CHAPTER 03

'단순히 영어 잘한다'가 끝이 아니다 · 064

▮ ◆ 발상전환 ③ '영어를'이 아닌 '영어로' 배운다

▶ 영어만 배우는 건 아깝다 · 064
▶ '영어 포기자'가 돼버리면 본전도 없다 · 065
▶ 관심분야의 영어로 '예측하여 읽고 듣는' 능력을 키운다 · 066
▶ '부모의 한마디'로 사라진 의욕은 좀처럼 회복이 어렵다 · 068
▶ 영어만 배우면 오히려 효율이 떨어진다 · 069
▶ '진짜' 영어인가? — 소재가 진짜여야! · 071

CHAPTER 04

우수한 부모일수록 오해하기 쉬운 5가지 · 074

오해 서툴게라도 대화만 되면 충분하다
▼
진실 '유치한 영어'로는 손해 볼 수도!

▸ '외국어 집중훈련'만 했을 때의 문제점 · 074
▸ '귀국자녀의 영어는 쓸모가 없다'고 하는 이유 · 076
▸ '진정한 어학력'을 측정하는 CEFR이란? · 077
▸ 일상회화 수준으로는 부족하다 · 079

오해 '학교 영어'와 '영어회화'는 별개다
▼
진실 진짜 영어 실력이 있으면 입시도 간단!

▸ 왜 '영어회화 공부'만으로는 '성적'이 안 오를까? · 081
▸ 문제투성이인 초등영어에도 기회는 있다 · 082
▸ '영어성적이 좋은 아이=수재'는 이제 아니다! · 084
▸ 머잖은 대학입시에서도 '변화'는 이뤄진다 · 085

오해 12살에는 이미 늦다. 유아기부터 영어교육을!
▼
진실 '임계기'는 가설. 초조해할 필요는 없다

▸ 몇 살이 '학습의 한계'일까? · 088
▸ 일찍부터 친숙해지는 것은 나쁘지 않다 · 089
▸ 최고의 학습법은 '시기'에 따라 달라진다! · 091
▸ 도시가 영어학습에는 유리하다? · 092
▸ '사투리'를 쓸 줄 알면 '영어'에 유리하다? · 093

오해 그래도 바이링궐로 키우고 싶다!
▼
진실 통상의 영어학습으로 '머리 좋은 아이'로 자란다

▶ 세계에서 활약하기 위해 바이링궐이 될 필요는 없다 · 095
▶ 바이링궐 딸을 둔 아빠로서 느끼는 것 · 097
▶ 왜 바이링궐은 지능이 높을까? · 098
▶ '2개 언어 번역'이 아니라 '두 두뇌의 전환' · 100
▶ '동시통역사'의 흉내로는 영어 실력이 향상되지 않는다 · 102
▶ '영어를 배워 국어점수를 높이는' 메커니즘 · 103
▶ 영어학습이 '논리력 향상'의 지름길 · 105

오해 나는 늦었어. 일단 아이의 영어 실력을!
▼
진실 아이는 부모의 '배우는 자세'를 보고 있다

▶ 부모의 영어 능력도 '아이 영어'로 UP! · 106
▶ 가르치려 말고 '학우'가 되자 · 108
▶ 아이는 '부모의 공부하는 모습'을 보고 있다 · 110

PART 2 실천편 · 115

결국 '무엇부터' '어떤 순서'가 베스트? : '초등 3학년에 CEFR B1 수준'도 꿈은 아냐 : 내 아이의 '기능 특성'을 알고 있는가? : 도중에 시작해도 따라잡는 것은 간단 : 만인을 위한 원리를 '내 아이 전용'으로 최적화하기

CHAPTER 05
'영어를 좋아하는 아이'로 키우는 최고의 환경 만들기 · 124

▶ 무심결에 '영어 공부하자'고 말하지 않는가? · 124
▶ 'apple은 사과'라고 가르치면 왜 안 될까? · 125

Stage 1 영어로 '놀면서' 좋아하게 되다   · 127
Activity Based Approach (3-4세)

▶ '좋아해!'가 기본이 되는 학습은 세 살부터가 좋다   · 127
▶ '몰입력'은 평생의 자산   · 128

포인트 1 TPR로 '온몸'으로 친해지기   · 129
포인트 2 영어로 '말걸기'를!   · 131
포인트 3 '아빠 엄마 목소리'로 책 읽어주기   · 133
포인트 4 게임으로 영어에 푹 빠지기   · 137

Stage 2 영어가 '신경 쓰이는 귀'   · 140
Phonemic Awareness (4-5세)

▶ 안 듣는 것 같지만 잘 듣고 있어!   · 140
▶ '입의 움직임'을 보여주는 영상이 Good!   · 141

포인트 1 파닉스를 체험해보자   · 142
포인트 2 동영상을 보면서 따라 하기   · 143
포인트 3 '영어가 눈에 쏙 들어오는 방'을 만들자   · 144
포인트 4 근육운동과 접목하여 상승효과를!   · 145

Stage 3 영어에도 '문자'가 있음을 깨닫다   · 147
Literacy Based Approach (5-6세)

▶ 소리에 '문자'로 윤곽을 알려주는 시기   · 147
▶ 어디까지나 '도형'처럼 즐기자   · 148
▶ '예외의 소리'를 배우고, 파닉스를 보강하자   · 148

포인트 1 Sight Words는 놀면서 배우자   · 149
포인트 2 대문자와 소문자가 있다는 사실을 이해한다   · 151
포인트 3 그림책 대사를 발음해보자   · 153
포인트 4 Picture Dictionary를 선물하자   · 154

CHAPTER 06

'영어에 자신감이 있는 아이'가 되는 최고의 생활습관 · 158

▶ 영어는 '자신감이 있는 아이'를 키운다 · 158
▶ 다른 교과목은 부족해도 영어는 문제없어! · 160
▶ '소리 : 문자'의 비율을 '7 : 3' 정도로 바꾸자 · 162
▶ '우리말을 이용한 이해'는 고학년 때 시작하자 · 163
▶ 디지털 기기를 풀 활용하자 · 164

Stage 4 영어의 '소리와 문자'를 연결하다 · 166
Balanced Literacy Approach (6-8세)

▶ 배움의 기초력을 익히는 시기 · 166
▶ '각각의 문자'에 '각각의 소리' · 166

　포인트 1　파닉스 퀴즈에 도전! · 168
　포인트 2　영어는 조용히 공부하는 것이다? NO! · 169
　포인트 3　책 읽는 습관을 들이자 · 171
　포인트 4　'따라 하기'로 아이의 뇌가 달라진다 · 174

Stage 5 영어로 '콘텐츠'를 즐긴다 · 176
Content Based Approach (8-10세)

▶ 아이의 '자아'가 생기기 시작하면 어프로치를 바꾸자 · 176
▶ 텔레비전을 보여줄 바엔 차라리 YouTube로 영어를! · 177
▶ '자기 나름의 문장'을 쓸 수 있게 된다 · 178

　포인트 1　영어의 롤 모델을 찾자 · 179
　포인트 2　영어로 사이언스! 생애 첫 CLIL · 180
　포인트 3　영어일기로 '쓰기의 재미'를 알다 · 183
　포인트 4　게임으로 재미있게 영어를 배우자 · 185

Stage 6   영어에도 '규칙'이 있음을 이해한다   · 187
　　　　　Content Based Approach (10-12세)

▶ 열 살까지는 '우리말로 영어를 배우는 것'은 불필요   · 187
▶ 미처 채우지 못한 '빈틈'을 단기간에 채우기 위해서는?   · 188
▶ 문법학습이 자신감을 빼앗지 않도록   · 189

　포인트 1 '산재해 있는 영어두뇌'를 정리하자   · 191
　포인트 2 문법은 '질문을 할 수 있다'를 목표로   · 192
　포인트 3 좋아하는 영화를 '문장'으로 체험한다   · 193
　포인트 4 '편지와 기부'로 사회문제에도 눈을 돌리게 한다   · 195

CHAPTER 07

'영어로 생각하는 힘'을 키우는 최고의 서포트 · 198

▶ 영어 실력을 폭발시킬 기회!   · 198
▶ 중학교 진학과 동시에 '영어혐오'의 아이가 급증한다   · 199
▶ TOEFL, TOEIC…… 어학자격은 어떤 게 베스트일까?   · 202
▶ '좋은 학원'을 고르는 7가지 포인트   · 203

Stage 7   영어의 '모든 문법'을 마스터한다   · 206
　　　　　Grammar Based Approach (12-15세)

▶ '영문법에 6년'이라니, 시간낭비다   · 206
▶ 조기에 문법을 마스터해두면 왜 좋을까?   · 207
▶ 중학교 이후에는 '섀도잉'이 최강인 이유   · 209
▶ '영상×음독연습'으로 영어두뇌를 만든다   · 211
▶ '해외여행' '호스트 패밀리'도 멋진 환경 만들기   · 213
▶ '지방의 공립중학교'에서 '예일대'에 간 공부법   · 215

　포인트 1 그럴듯하게 '영상 섀도잉'을 하자   · 218
　포인트 2 중학교 3년 동안 영문법 완성!   · 221

| 포인트 3 | "한 권을 다 읽었다!"는 자신감을 갖게 하자 | · 222 |
| 포인트 4 | '실수를 두려워하지 않고 글쓰기' | · 225 |

Stage 8 영어로 '지성과 교양'을 쌓는다 · 229
Content and Language Integrated Learning (15~18세)

▶ 영어에 대해 배울 일은 이제 없다 · 229
▶ CLIL로 '어휘력'을 꾸준히 · 229
▶ '여유가 있는 아이'는 영어로 자란다 · 231

포인트 1	영어로 아카데믹한 콘텐츠를 만나다	· 233
포인트 2	픽션 읽기에 도전	· 236
포인트 3	국내에 있으면서 외국 체험	· 237
포인트 4	해외유학은 인생 자체를 바꾼다	· 238

◆ 에필로그 1 '세계에서 통용되는 사람'이란? · 241
◆ 에필로그 2 '학원 같은 건 없어지면 좋겠어요.' · 246
◆ 참고문헌 · 250

CHAPTER 01

영어를 '스스로' 배울 수 있는 아이로 키우다

CHAPTER 02

아이에게 '영어두뇌'를 선물한다

CHAPTER 03

'단순히 영어 잘한다'가 끝이 아니다

CHAPTER 04

우수한 부모일수록 오해하기 쉬운 5가지

PART 1
기초편

영어 실력이 느는 아이, 늘지 않는 아이⋯⋯

어디가 다를까?

우리 학원이 도입하고 있는 것은 세계의 연구자들 사이에서는 '당연한 것'으로 통하는 사고방식, 즉 **제2 언어습득**(Second Language Acquisition) **이론**에 기초한 지도법이다. 이제부터는 간략하게 'SLA'라는 약칭을 사용하기로 한다.

간략하게 말하면, SLA란 '제2 언어(모국어 이외의 언어)가 어떻게 습득되는가?'를 과학적으로 연구하는 학문 분야이다.

우리가 '외국어'를 습득할 때는 이미 익숙한 모국어의 힘을 빌리면서, 인간의 뇌에 원래부터 갖춰져 있던 '언어를 습득하는 능력'을 최대한 발휘하려고 한다. 그 메커니즘에 관한 지식 자체는 금방 효과를 내는 만병통치약이 아니지만, 이 사고방식을 토대로 하여 지도하면 학생들의 영어 실력은 확실히 향상될 수 있다고 생각한다.

실제로 JPREP의 강사진 중에도 대학원에서 SLA를 전공하고 있는 현역 연구자가 여러 명 있고, 이론적으로 유효하다고 할만한 어프로치는 적극적으로 도입하고 있다.

어떤 아이든 영어를 모국어로 하는 부모 밑에서 자라고 보통의 교육을 받는다면, 당연히 영어를 모국어로 습득하게 된다.

그와 마찬가지로 SLA에 근거한 학습을 계속하기만 하면, 가령 원어민이 아니더라도 영어는(또 어떤 언어든) 거의 확실하게 마스터할 수 있다.

하지만 같은 지도를 하더라도, 학생들의 성장에는 어느 정도 차이가 생기기 마련이다.

그것은 왜일까?

몇 가지 답을 생각해볼 수 있는데, 이른바 학력만 좋으면 다 되느냐 하면 꼭 그렇지도 않다. 가령 어려서부터 음악학원에 다녀서 음감을 단련해온 아이는 음성의 학습효율이 높아 성장 속도에 확연한 차이를 내는 경우가 있다. 또 정말 좋아하는 비디오게임의 공략법을 해설하는 영어 동영상을 YouTube로 지속해서 보다 보면, 어느 순간 극적으로 발음이 좋아지는 학생도 있다.

그런 개별적인 차이는 일단 제쳐두고, 영어 실력이 잘 느는 아이의 공통점을 감히 들자면, '부모 자신이 얼마나 영어에 자신감을 가지고 있는가?'가 의외로 깊은 연관이 있다.

물론 '부모가 영어 실력이 없으면 아이의 영어도 포기하라'는 이야기가 아니니 안심하길 바란다. 무슨 이야긴지 지금부터 하나씩 살펴보자.

'영어를 할 줄 아는 부모'일수록
아이의 영어 실력을 망친다?

JPREP에 아이를 보내는 부모 중에는 크게 두 가지 패턴이 있다.

첫째는 "우리 부부는 영어를 전혀 못해서……"라며 학원에 전적으로 맡기는 경우다. 이들 가정의 아이는 어느 정도의 지도를 지속하기만 하면, 자연히 영어 실력이 올라간다.

둘째는 "나는 나름대로 영어를 할 줄 안다"라고 생각하는 부모님이다. 수험영어에서 어느 정도 성공체험이 있는 분들이라 할 수 있다.

말하자면 아이에 대한 교육의식도 높아서 우리가 어떤 수업을 하고 있는지, 어떤 경력의 선생님이 가르치고 있는지, 정말 성적이 향상되는지 등에 예리한 관심을 가지고 있다. 어디까지나 경향일 뿐이지만, 부모님 자신이 유명대학을 나왔거나 큰 기업에 근무하는 경우가 많은 것 같다.

의외일지 모르지만, 그런 분들의 아이는 좀처럼 영어 실력이 향상되지 않는 경우가 있다.

한때 학교에서 '영어를 잘하는 축에 들었다'고 자부하는 부모들은 '학교 교과서에 근거한 지도를 해달라' '우리 아이는 관계대명사를 힘들어하니까, 문법을 중점적으로 가르쳐 달라'와 같은 요구를 해오는 경우가 있다.

우리 학원에서는 학교 교과서와 연동한 수업은 하지 않는다. 학생의 나이와 발달단계에 따라서, 오히려 문법학습에 시간을 할애하지 않을 때도 있다.

그 결과, 부모님 중에는 다음과 같은 걱정을 하는 분들이 있는 모양이다.

"어머? 내가 학교에서 배웠던 '영어' 수업하고는 전혀 다르잖아! 우리말로 번역시켜봐도 잘 모르고. 우선 5형식부터 다시 배워야 하지 않을까? 음, S가 '주어'고 V는 '동사'······"

그러다 결국 영어공부를 '제대로 시킨다'는 다른 학원에 병행해서 보내기 시작하는 부모님도 있고, JPREP를 그만두게 하는 부모님도 있다. 그런가 하면 '옛날 실력 발휘'로 집에서 문법 지도를 직접 시작한 어머니도 있었다.

이렇게 두 가지 영어학습법 사이에 끼게 된 아이는 솔직히 순탄하게 영어 실력을 늘릴 수 없다. 무엇보다 안타까운 것은 이러니저러니 하는 사이 아이가 영어를 싫어하게 돼버린다는 것이다.

이것이 '영어를 잘한다는 부모님이 있으면, 아이의 영어 실력은 향상되기 어렵다'라고 말하는 연유다.

모든 것은 '잘못된 학습법'을 버리는 것부터

여기서 내가 강조하고 싶은 것은 부모 세대가 가지고 있는 '영어학습'의 이미지는 이미 시대착오적일 가능성이 크다는 것이다.

어설피 '영어' 과목에 성공한 경험이 있는 부모일수록, 나이와 시대의 차이를 무시한 채 자칫 잘못된 공부법을 아이에게 강요하기 쉽다.

그렇다고 그 부모님이 일상생활이나 업무에서 영어를 능숙하게 구사할 수 있는 수준이냐 하면, 일단 그런 경우는 극히 드물다. 학교성적이나 입시점수는 그럭저럭 좋았을지 모르지만, 결국 '구사할 수 있는 수준'까지는 도달하지 못한 것이다.

그것은 '노력'이 부족해서가 아니다. '방법'이 틀렸기 때문이다. 그렇다면 잘못된 방법을 아이에게 답습하게 해서는 안 된다.

내 아이 잘되라고 한 행동이 오히려 아이의 재능을 깎아내리는 일이 될 수 있다 ─ 이 같은 비극은 또 없을 것이다.

반대로 학창 시절 '영어' 과목이 꽝이었다거나 싫었다는 부모님은 '영어공부'라는 이미지 자체를 잊고 있으므로 아이에게 그것을 강요하지 않는다. 부디 자신감을 가지고 시작해보길 바란다.

언어습득에는 '과학적인 결론'이 대부분 나와 있다

여기까지 실례되는 말을 거침없이 써내려 왔는데, 모든 것은 출발지점이 결정적으로 중요하기 때문이니, 양해해주기를 바란다.

앞서 말했듯이 "어떻게 하면 외국어를 쉽게 습득할 수 있을까?"에 대해서는 언어학, 교육심리학, 뇌과학 등 다양한 분야에서 연구결과들이 속속 나오고 있다.

최근에는 뇌과학의 기술적인 진보에 힘입어 fMRI(기능적 핵자기공명단층화상) 등의 장치를 이용하여, 뇌의 상태를 직접 관찰하면서 다양한 어학학습법의 효과를 증거에 입각하여 검증하는 시도 역시 이뤄지고 있다.

이처럼 어프로치의 차이는 있지만, 모처럼의 노력을 헛되이 하지 않기 위한 '어느 정도의 정답'은 SLA 연구자들 사이에서도 일정한 공통견해가 형성되어 있다.

무엇보다 중요한 것은 이 학문에 의해 밝혀져 온 메커니즘은 부모나 교사 세대가 받아온 '학교 영어'와는 상당히 다르다는 것이다. 문법 지식을 지렛대 삼아 우리말로 번역하면서 의미를 이해하는 문법적 독해법은 과거에 주로 행해졌던 교수법이다.

그러므로 아이가 영어를 올바르게 배우기(Learn) 위해서는 먼저 부모님이 옛날 학습법을 버리는(Unlearn) 것부터 선행되어야 한다.

그것이 '영어를 구사할 줄 아는 진짜 똑똑한 아이'를 키우기 위한 첫걸음이다.

이론은 이론. '나이별 학습법'은 필수

그렇다면 '언어습득의 세계표준'이란 뭘까?

물론 100% 규명된 것은 아니다. 최첨단의 연구결과 대부분은 아직 '실험실 수준'의 영역을 벗어나지 못했다.

폰 노이만이 컴퓨터의 원리를 고안해낸 이후 스마트폰이 널리 보급되기까지 50년 이상의 세월이 걸렸던 것과 마찬가지로, SLA의 연구결과를 구체적인 지도법으로 정착시키기까지는 어학교육의 프로에 의한 '개선'의 프로세스를 반드시 거쳐야 한다.

그렇다고 해서 이것은 교사들이 마음대로 개선이나 변화를 주는 것은 아니다.

SLA의 연구자들도 이 원리가 어디까지나 각 교육자가 지도하기 위한 '지침'일 뿐이라는 대전제를 공유하고 있고[1], 실제로 교육 현장에서 지도할 때 교사나 학습자가 의식해야 할 원리를 설명해 주고 있는 ISLA(Instructed Second Language Acquisition)라는 인접분야도 존재한다[2].

그러므로 이 책에서는 응용언어학의 학술이론을 일일이 파고들지는 않을 것이다.

SLA의 연구논문 등을 참조하면서, 교실에서 실제 학생들을 대상으로 지도하며 얻어진 귀중한 **경험치**도 적극적으로 활용하고 있다.

이때 가장 중요한 것은 '<u>최적의 어학학습법은 나이에 따라 달라진다</u>'는 점이다.

특히 아이에 대해서는 인지 능력의 발달과 흥미의 변화에 맞게 지도방법과 교재를 세분화하여 조정하지 않으면 안 된다. 그 점에 대해서는 JPREP 강사진과 함께 자택에서 실천할 수 있는 '나이별 구체적 방법'을 고안했다. 이에 대해서는 PART 2에서 소개하고 있다.

일단 PART 1에서는 먼저 그들 근저에 있는 '어학습득의 기본적인 사고방식'을 살펴볼 것이다.

---

1   Celce-Murcia, Brinton & Snow, 2014; Richards & Rodgers, 2001
2   Loewen & Sato, 2017; 村野井, 2006

이때 필요한 것은 다음의 **세 가지 발상 전환**이다.

- 발상 전환 ① '문자'가 아닌 '소리'로 배운다
- 발상 전환 ② '단편'이 아닌 '통째'로 배운다
- 발상 전환 ③ '영어를'이 아닌 '영어로' 배운다

먼저 첫 번째! 현시점에서의 연구성과와 학생들을 지도해온 경험을 토대로 하면서 "영어를 '스스로' 배울 수 있는 아이"로 키우는 방법을 보도록 하자.

Chapter 01

영어를 '스스로' 배울 수 있는 아이로 키우다

> **발상 전환 ①** ▸ '문자'가 아닌 '소리'로 배운다

'최고의 어학습득법'은 아기가 알고 있다

'아이에게 영어를 가르친다'고 하면, 가장 먼저 어떤 것이 떠오르는가?

취학 전의 어린아이라면 'ABC송'을 같이 부르거나 알파벳 장난감을 사서 보거나……, 초등학생 정도의 아이라면 로마자 연습을 하거나 단어 받아쓰기 연습을 하거나…… 이런 것을 떠올리는 사람도 있을지 모른다.

그렇지만 이런 방법들은 SLA의 기본적인 사고방식으로 볼 때 적절한 방법이랄 수 없다.

새롭게 언어를 배울 때는 '소리'부터 시작하는 것이 정답이다.

우리에게는 아무래도 '영어=공부'라는 이미지가 있으므로, 대개 '문자'부터 가르치고 '책'과 '연필'을 쥐여주기 일쑤다. 하지만 이것들은 원래의 학습단계로 치면 좀 더 뒤에 위치한다.

'문자부터'가 아니라 '소리부터'. 언뜻 보면 대단한 전환처럼 보이지만, 생각해보면 당연한 얘기다.

갓 태어난 아기가 모국어를 배우는 과정을 생각해보라. 아기는 엄마나 주변 어른들의 목소리를 듣고 그것을 흉내 내면서 발성을 시작한다.

"언어습득에서는 일정량의 소리의 인풋과 아웃풋을 빼놓을 수 없다." 이는 SLA의 가장 중요한 테제 중 하나다[3].

기존의 영어교육에서는 일단 소리의 인풋 총량이 부족하다. 또 자기 나름의 언어로 아웃풋 하는 습관도 몸에 배어있지 않기 때문에 최종적으로는 구사하는 단계까지 도달하지 못한다.

그러므로 아이가 영어를 말하지 못하는 것은 과학적으로 보더라도 당연하다면 당연한 결과이다.

소리부터 시작하면 단기간에 실력 UP!

아이의 경우와는 접근방법이 크게 다르겠지만, 어른의 어학

---

3   Krashen, 1982; Long, 1996; Swain, 1993; 1995; 2005

학습에서도 '소리'가 중요하다는 사실에는 변함이 없다.

여러분이 중학교 1학년이었을 무렵에는 먼저 알파벳 쓰는 것과 스펠링 연습부터 시작했을 것이다. 하지만 중고등학교 6년이라는 시간 동안 영어 실력이 향상되었다는 사람은 거의 보지 못했고, 사회인이 되었을 무렵에는 기억나는 게 아무것도 없다는 사람이 대부분이다. 그러니 기존의 영어교육은 일단 잊길 바란다. 어학은 일단 '소리'부터 시작한다 – 이것이 기본이다.

내가 몸담았던 예일대에서는 50개국어가 넘는 어학을 이수할 수 있었는데, 그 어학수업의 특징은 발음 중심의 지도가 단연 잘되어 있다는 것이다.

MBA(경영학석사)를 취득하기 위해 예일대에 와있던 어느 일본인은 귀국행 비행기 안에서 깜짝 놀랐다고 했다. 대학에서 중국어를 1년 이수했을 뿐인데, 기내채널에서 본 중국영화의 중국어 70%를 알아들을 수 있었다는 것이다.

나도 대학원생이었을 때, 예일대의 **발음교정 프로그램**에 반년 정도 참가한 적이 있다.

무엇보다 감동이었던 것은 프로그램을 맡은 강사가 **음성학**(Phonetics)이라는 언어학의 한 분야에서 박사학위를 취득한 전문가였다는 사실이다. 발음교정이라고 해서 단순히 들리는 소리를 따라 하는 연습이 아니다. 음성학적 지식에 근거하여 인간의 발성 메커니즘에 따른 과학적 지도를 받는다.

"그렇군요, 준은 일본어가 모국어군요. 아마 그 때문이라고 생각하는데, R발음을 할 때 혀의 위치가 낮아지는 경향이 있어요. 혀를 조금 더 위로 올린다고 생각해봐요."

이런 식으로 운동의 자세를 교정하듯이 가르쳐준다. 덕분에 발음이 확연히 좋아졌을 뿐 아니라 영어음성의 듣기 능력도 향상됐다.

이런 나의 경험을 살려, JPREP에서는 발음지도를 철저하게 시키고 있다.

모국어식 외래어 읽기가 몸에 배기 전의 아이라면, 그렇게 힘들여 지도하지 않아도 자연스럽게 올바른 발음을 익힐 수 있다.

아이가 좀 더 자라면, 모국어와의 차이를 논리적으로 설명해주는 편이 습득을 순조롭게 해주기도 한다. "이 소리를 발음할 때는 입안에서 무슨 일이 벌어지는가?"를 아이들이 구체적으로 이해할 수 있도록, 치과에 가면 볼 수 있는 치아모형을 사용해 설명하는 등 다양한 방법을 수업에 도입하고 있다.

영어학습의 '세계표준'인 파닉스

아기가 모국어를 습득할 때는 '문자를 사용하지 않고' 소리와 사물의 대응 관계를 만들어간다. 아기의 '우, 우'라는 옹알이가 서서히 '말'로 성장해가는 과정은 부모에게는 크나큰 감동이 아닐 수 없다.

다만, 이것은 모국어를 배울 때의 이야기다. 외국어의 경우는 어떨까?

결론부터 말하면, 가령 아이라 할지라도 우리 글자를 읽을 정도의 단계라면, 문자와 소리의 대응 관계를 의식하는 편이 효율적이다.

"문자와 소리의 대응 관계? 그럼 역시 'ABC송' 아니겠어?"

이렇게 생각하는 사람은 두 가지 의미에서 아주 훌륭하다. 첫째는 음악을 도입한다는 발상이다. 자세한 건 PART 2에서 설명하겠지만, 음악과 어학 학습에는 다양한 친화성이 있다.

또 한 가지는 알파벳의 소리에 착안하고 있다는 점이다. 영어는 모음만으로도 세는 방법에 따라서는 약 서른 가지에 달하는 소리가 있으므로, 한꺼번에 그 전부를 구별해 듣고 발음하는 것은 무리가 있다. 처음에 알파벳 26자에 집중하는 것은 학습전략으로써도 옳은 방법이다.

'진짜 소리'를 머리에 기억하게 하는 파닉스 학습법

다만 'ABC송'만으로는 충분치 않은 것도 사실이다.

이 암기법만으로는 문자와 소리의 기본적인 대응 관계를 정리할 수 없기 때문이다.

무슨 말인지 구체적으로 살펴보자.

'ABC송' 같은 **알파벳 읽기**에서는 하나의 문자를 읽을 때 복수의 소리로 구성되어 있다. 예를 들어 'B'라는 문자는 자음과 모음이 한 세트가 되어 [bí:]라는 읽기가 이뤄지고, 'F'는 첫머리에 모음을 붙여 [éf]라고 발음한다.

여기에서 우리말의 경우를 떠올려보기 바란다. 우리말은 문자와 소리가 1대1 대응으로 되어 있다. 'ㅏ'라는 문자는 언제나 같은 소리인 '아'로 발음된다.

한편 영어의 알파벳은 그렇지 않다. 'C'라는 문자는 [k]라고 읽을 때도 있고 [s]라고 읽을 때도 있으며, 알파벳 읽기에서는 [sí:]가 된다.

그런데 각 알파벳 문자에 하나의 소리를 대응시킨 것이 **파닉스**(Phonics)의 읽기 방식이다. 이에 따라 'B'라는 문자에는 [b]라는 소리, 'F'라는 문자에는 [f]라는 소리라는 식으로, 대표적인 소리와 문자를 한 세트로 기억할 수 있다.

'대표적인 소리'라고 말한 것은 두 가지 이상의 소리를 가진 문자가 있기 때문이다. 예컨대 'A'라는 문자는 [æ/ɑ/ʌ/ə] 등으로 읽히는데, 파닉스에서는 [æ]로 발음한다.

파닉스 읽기와 알파벳 읽기

	파닉스	알파벳		파닉스	알파벳		파닉스	알파벳
A	æ	éi	B	b	bí:	C	k	sí:
D	d	dí:	E	e	í:	F	f	éf
G	g	dʒí:	H	h	éitʃ	I	i	ái
J	dʒ	dʒéi	K	k	kéi	L	l	él
M	m	ém	N	n	én	O	ɑ	óu
P	p	pí:	Q	kw	kjú:	R	r	á:(r)
S	s	és	T	t	tí:	U	ʌ	jú:
V	v	ví:	W	w	dʌ́blju:	X	ks	éks
Y	j	wái	Z	z	zí:			

　영어라는 언어는 아주 다양한 역사적 배경을 가지고 있어서, 단어의 스펠링과 발음의 대응 관계가 상당히 제멋대로다.

　원어민도 꽤 힘들어하기 때문에, 영어권에서 자란 아이들조차 반드시 파닉스 읽기 연습을 한다.

　그러므로 여러분의 자녀에게도 반드시 파닉스를 연습시키기 바란다.

　파닉스는 모든 영어학습의 기초 중의 기초인 만큼, 중고생에게도 어른에게도 효과가 있다.

　초등학생 이하의 아이에게는 앞으로의 학습효율을 압도적으로 높여주는 최강의 방법이라 해도 과언은 아니다.

'처음 본 단어'라도 읽을 수 있게 된다

아이가 처음 문자를 익히게 됐을 때를 떠올려보라.

아이는 거리를 걷다 가게의 간판에 써진 문자를 소리 내어 읽게 된다. "엄마, '장어'라고 쓰여있어요!"라거나 "아빠, '오락실'이 뭐야?"라고 아이가 갑자기 물어올 때, 깜짝 놀란 경험은 어느 부모에게나 있을 것이다.

이것은 각각의 문자가 가진 소리를 아이가 이해하고 있다는 증거다. 이때 아이의 뇌는 다음 세 가지 프로세스를 처리하고 있다.

① '문자'를 '시각'으로 받아들인다
② 그 문자에 대응하는 '소리'를 재구성한다
③ 그 소리를 실제 '목소리'로 낸다

파닉스 학습을 한 아이는 영어에서도 같은 과정을 거친다. 그 결과 처음 본 단어라도 문자를 보고 소리를 자기 스스로 재구성하고 발음할 수 있게 된다.

한편 '에이 비 씨…'와 같이 읊조리는 'ABC송'의 알파벳 읽기만 아는 아이는 ②의 '문자에 대응하는 소리를 재구성하는 단계'에서 반드시 곤란을 겪게 되므로, 단어를 읽는 방법은 일일이 '암기'하는 수밖에 없다. 그 결과 파닉스 읽기를 배운 아이에 비해 압도적으로 차이가 벌어지게 되는 것이다.

내 아들도 세 살부터 파닉스를 시작했다. 이후 미국을 방문했을 때 차를 타고 고속도로를 달리고 있는데, 지나가는 구급차를 가리키며 "Dad, an ambulance is over there!"라고 외치는 게 아닌가. 아는지 모르겠지만, 미국의 구급차에는 거울에 비친 것처럼 'AMBULANCE'가 반대로 인쇄되어 있다. 이 또래 아이는 문자를 쓸 때도 뒤집어쓰는 경우가 종종 있기 때문에, 읽을 때도 그것이 문제가 되지 않았던 것 같다.

어쨌든 당시 4살이던 아이는 그 단어의 의미는커녕 소리도 몰랐을 테지만, 문자의 순서대로 소리를 냈을 뿐임이 분명하다.

파닉스의 메커니즘으로 보면 당연한데도 깜짝 놀랐던 기어이 있다.

듣기만 해도 모르는 단어를 쓸 수 있다

예리한 독자라면 이미 간파했겠지만, 파닉스를 마스터하면 '문자→소리'뿐만 아니라 '소리→문자'의 재현력도 마찬가지로 형성된다.

파닉스를 계속하는 아이는 [lív]라는 소리를 들으면, 들린 대로 'live'라는 문자를 쓰려고 한다. 'rive'나 'libe'와 같은 실수는 좀처럼 하지 않는다.

대신 'e'에 대응하는 소리는 들리지 않기 때문에 'liv'라고 쓰는 아이도 있을 것이다. 하지만 이것은 당연한 실수로, 원어민 아이에게서도 보이는 '가치 있는 실수'라고 말할 수 있다.

그렇지만 초등학교 이하의 아이에게 습득의 정도를 점검하기 위해 '소리를 듣고 문자로 써'보게 하는 것은 바람직하지 않다. 본인이 그런 연습을 원한다면 별개지만, 받아쓰기 연습 같은 것은 아이에게 강요하지 않는 편이 무난하다.

'소리를 문자로'가 아니라 '문자를 소리로' 바꾸게 하는 것을 주축으로 삼자.

파닉스에 도전!

A[æ]	A, A, Apple!	B[b]	B, B, Ball!
C[k]	C, C, Cat!	D[d]	D, D, Dog!
E[e]	E, E, Elephant!	F[f]	F, F, Fish!
G[g]	G, G, Gorilla!	H[h]	H, H, Hat!
I[i]	I, I, Igloo!	J[ʤ]	J, J, Jacket!
K[k]	K, K, Kangaroo!	L[l]	L, L, Lion!
M[m]	M, M, Monkey!	N[n]	N, N, Nose!
O[ɑ]	O, O, Octopus!	P[p]	P, P, Pen!
Q[kw]	Q, Q, Question!	R[r]	R, R, Ring!
S[s]	S, S, Sun!	T[t]	T, T, Tiger!
U[ʌ]	U, U, Umbrella!	V[v]	V, V, Violin!
W[w]	W, W, Watch!	X[ks]	X, X, Fox!
Y[j]	Y, Y, Yellow!	Z[z]	Z, Z, Zebra!

파닉스는 '스스로 공부하는 아이'의 토대를 만든다

이상에서 알 수 있듯이 파닉스의 최대 효용은 아이가 스스로 학습할 수 있는 자세를 갖추는 데 있다.

극단적으로 말해, 부모가 아이의 영어를 위해 할 수 있는 일은 두 가지다.

① 아이가 '스스로 공부하기' 위한 기술과 환경을 전수하는 것
② 아이가 '나는 할 수 있다'라고 실감하게 하는 것

파닉스는 입문단계에서 이 두 가지를 동시에 충족시킬 수 있는 훌륭한 방법이다.

아이가 이런저런 단어를 찾아 읽어내면, 부모님은 솔직하게 '놀라움'을 표현해주길 바란다. 그것이 '나는 영어를 읽을 수 있다!'라는 자신감으로 이어지고, 나아가 배움을 가속화시키는 선순환을 낳는다.

아무리 효율적으로 배우더라도, 말을 구사하는 능력을 습득하기 위해서는 최소한의 시간이 필요하다. 그 시간 대부분을 '재미있는 시간'으로 만들지 않는 한, 학습은 오래 지속되지 않는다.

그리고 "즐겁다! 재밌다!"라고 느끼기 위해서는 '할 수 있다!'라는 자신감이 필수다.

영어 발음의 우리말 표기는 백해무익!

한편, 우리말로 영어 발음을 표기해두는 것은 발음학습에 있어서는 무의미를 넘어 유해하기까지 하다.

예컨대 장난감 코너에 가면 영어학습을 위한 장난감들이 다양하게 진열되어있는데, 국내 메이커가 발매하는 장난감에는 대부분 'Mother 마더'라는 식으로 영어의 발음이 우리말로 표기되어 있곤 한다. 초등학생 대상의 교재도 영어의 우리말 표기가 되어 있는 것은 모두 '가짜'라고 생각하면 된다.

원래 'Mother'와 '마더'는 비슷하지만 별개의 소리다. 아이의 기억력이란 아주 대단해서, 'Mother, 마더'와 같은 엉터리 대응이라도 인풋이 되는 대로 아주 간단히 기억해버린다. 하지만 결국 그것은 암기영역을 벗어나지 못하고, 문자에서 소리를 재구성하는 능력이 아니다.

자율적으로 학습하는 능력을 아이에게 키워주고 싶다면, 우선은 발음의 원칙(=파닉스)을 가르쳐야 한다. 규칙을 가르치지 않은 채 닥치는 대로 암기시키는 것은 장기적으로 도움이 되는 영어 능력으로까지 이어지지 못한다. 영어 발음의 우리말 표기 같은 잘못된 원칙을 익히게 되면, 훗날 어려움을 겪는 것은 아이 자신이다.

그렇게 되지 않도록 하기 위해서라도 영어 발음의 우리말 표기는 '보조적'인 것으로도 사용해서는 안 된다. 간단하면서 범용성이 높은 파닉스 읽기야말로 효율적인 언어습득을 위한 첫걸음이다.

'로마자'나 '발음기호'부터 익히는 것은 어떨까?

'올바른 발음을 먼저 가르쳐라!'라고 말하면, "그럼 아예 **발음기호**부터 가르치는 것은 어떨까요?"라는 질문을 들을 때가 있다.

지금까지의 설명과정에서도 사용했던 발음기호는 다양한 언어의 소리를 재현하기 위해 만들어진 **IPA**(International Phonetic Alphabet)라는 기호이다. 이것을 모두 망라하면 영어의 발음은 상당히 좋아질 것이다.

다만, 영어는 모음만으로도 상당수의 소리가 있으므로 어린아이에게 일시에 모든 것을 기억하게 하는 것은 무리이기도 하고 가혹한 일이기도 하다. JPREP에서는 초등학생까지는 파닉스와 구체적인 단어의 발음 연습을 시키도록 하고, 중학생 이상부터는 IPA를 사용하여 지도하도록 하고 있다. 입문단계를 한 차례 마친 학습자가 발음의 지식을 정리할 때 발음기호는 상당히 효과적이다.

"그럼 먼저 **로마자**를 배워서 알파벳에 친숙해지게 하면 어떨까요?"

이 역시 어린아이의 부모님들이 곧잘 하는 질문인데 결론은 역시 'NO!'다.

로마자는 외국인이 우리말 발음을 표기할 때 사용하는 도구로, 그 반대의 용도로는 사용할 수 없다. 영어를 배우는 계기로 로마자를 이용하는 것은 고속도로를 역주행하는 것만큼 위험한 행위라고 학생들에게 말해주곤 한다.

예를 들어 로마자에서는 '푸'를 'pu'로 표기하는데, 로마자 'p'와 영어 'p'의 소리는 전혀 다르다.

영어의 'p' 소리는 파열음이라고 하여, 입술을 닫고 일단 호흡을 모았다가 그것을 파열시키듯 하면서 소리를 낸다. 입 앞에 티슈를 갖다 대고 'push'를 올바르게 발음하면 티슈는 크게 흔들린다. 한편 우리말로 '푸시'라고 발음하면 티슈는 꼼짝도 하지 않는다.

원래 서로 다른 발음을 같은 문자로 표기해버린다는 의미에서, 로마자는 아이에게 혼란을 불러올 가능성이 있다. 외래어 표기의 수단으로 로마자를 알아두는 것까지는 말리지 않겠지만, 아이의 영어습득을 목적으로 할 때 로마자는 빙 돌아가는 '우회로'라는 사실을 반드시 알아두어야 한다.

알파벳의 필순, 틀려도 좋다!

파닉스의 사고방식은 부모세대가 받아온 학교교육과는 크게 다르다.

내가 고향의 공립중학교를 다닐 때는 가장 먼저 알파벳을 어떻게 쓰는지부터 배웠다. 지금도 기억나는 것이 '알파벳 쓰기'를 위한 연습장이다. 이것을 이용해 알파벳의 필순과 '소문자 p는 선 아래로 내려쓴다'와 같은 규칙, 게다가 필기체 연습까지!

외국어 습득에 관한 상식으로 볼 때, 이 역시 무의미하다. 특히 우리 문자를 예쁘게 쓰기 위한 '쓰는 순서=필순'의 문화가 '영어' 수업에까지 도입되다니, 기묘하기 짝이 없는 일이다.

물론 영어의 알파벳에도 필순이란 게 있고, 그것을 습득하면 문자를 손쉽게 쓸 수 있다는 장점도 있다.

하지만 필기체는 미국에서도 이미 학교교육의 커리큘럼에서 제외되었고, 필기체를 못 읽고 못 쓰는 사람도 젊은이를 중심으로 급증하고 있다. 그러므로 해외에서 살더라도 필기체를 몰라 곤란할 일은 거의 없다.

여기에서 내가 하고 싶은 말은 '필순 따위 무시해!'라거나 '필기체는 필요없다!'는 것이 아니다. 중요한 것은 '무엇을 우선시하느냐'이다.

'영어를 마스터하는 것'이 목적이라면, 쓰는 순서에 구애되는 것은 넌센스다. 아무리 필순을 잘 안다고 해도 영어를 구사하는 아이로 자라진 않기 때문이다.

반대로 설령 아이라 할지라도(아니, 아이이기에 더더욱) 파닉스를 철저하게 마스터해야 한다.

진정한 영어두뇌를 키우기 위해서는 파닉스야말로 최단 루트이기 때문이다. 소리와 문자의 대응 관계를 체득하고 나면, 영어로 '말하기' '듣기'뿐 아니라 영어로 '읽기' '쓰기', 나아가서는 영어로 '생각하기' 위한 능력까지 쉽게 습득할 수 있게 된다.

파닉스를 '줄기'라고 한다면, 필순 등은 '가지와 이파리'다. 우리에게 주어진 귀중한 시간은 한정되어 있으므로, 부디 '가지와 이파리'에 불필요한 에너지를 쏟는 일은 없도록 주의하자.

Chapter 02

아이에게 '영어두뇌'를 선물한다

> **발상 전환 ② ▶ '단편'이 아닌 '통째'로 배운다**

어린아이에게 '영문법 First'는 NG

아이에게 영어를 가르칠 때 범하기 쉬운 오류의 두 번째는 처음부터 문법만 가르치는 것이다.

'영어'를 나름 할 줄 안다는 부모일수록, 아이가 아직 초등학교 저학년임에도 문법 교재와 문제집부터 사주는 경향이 있다. 만약 아이가 아직 10살 이하라면, '문법 First'의 학습방법은 절대 피해야 한다.

확실히 부모 세대가 '고교 영어'에서 가장 먼저 학습한 내용은 S(주어), V(동사) O(목적어), C(보어)로 구성되는 5형식 문형이었다. '중학 영어'에서도 처음에 간단한 인사 정도만 배우고 나면, 곧바로 be

동사에 대한 설명이 이어졌던 것으로 기억된다.

다시 한번 강조하면 파닉스와 같은 '소리의 규칙'은 제대로 익혀두어야 하지만, 반대로 '구문상의 규칙'에는 너무 무게를 두지 않도록 해야 한다.

가령 종래의 수험참고서에는 '부정사'라는 단원이 있는데, 먼저 그 체계(명사적 용법, 부사적 용법, 형용사적 용법)에 대한 해설이 있다. 그리고 그 체계를 이용함으로써 예문을 해석하는 식으로 만들어져 있다.

과거의 학교교육에서는 수업시간에 이러한 골자를 학생들에게 학습시키고, 테스트로 그 지식을 확인하는 것이 당연시되어왔다. 수험대비를 위한 학원은 그런 성격이 한층 더 강하다고 할 수 있다.

주어진 영문을 보고 적절한 체계를 선택할 수 있으면, 그 문장의 뜻을 '해독'할 수 있게 된다 − 마치 퍼즐게임 같은 발상이다.

수험영어에 공통되는 '모듈조립'이라는 사고방식

무엇보다 나는 문법학습을 부정할 생각은 없다. JPREP에서도 중고등학생 대상의 수업에서는 의외로 많은 시간을 문법학습에 할애하고 있다.

다만 중학생 때부터 본격적으로 학습을 시작한 학생의 경우, 중고교 6년 동안이 아니라 중학교 3년 동안 대학입시 수준까지의 문법 지식을 단번에 망라한다. 그다음에 다독과 작문 그리고 회화를 연습하면서 지식을 정착시켜간다.

SLA의 연구에서도 학습자가 어느 정도 나이가 되면, 음성의 인풋/아웃풋뿐만 아니라 모국어를 함께 이용한 논리적 이해를 병행시키는 것이 학습효율을 높일 수 있다고 알려져 있다[4].

그러므로 여기에서 문제시하려는 것은 문법을 학습하는 것 자체가 아니다. 다만 '문법만'을 따로 떼어내어 공부하는 학습모델이다.

특히 시험대비를 목적으로 하는 '영어'에서는 이런 **'부분으로부터의 어프로치'**가 지배적이다. 즉, 통째의 완성된 문장을 제시하는 것이 아니라, 일단 'be동사' '부정사' '현재완료형' '영단어'와 같은 **모듈**(부품)을 아이에게 가르친 후, 그것을 이용해 단문의 부자연스러운 집합을 '해독'하게 한다.

'옛날보단 많이 좋아졌다'는 평가를 받는 대학 수능시험에서조차, 여전히 모듈의 지식을 묻는 문제들이 대부분을 차지하고 있다. 장문 독해는 이름뿐이고 '부품'만 알면 풀 수 있는 문제가 대부분으로, '문장의 개요를 대략 파악하는 능력'은 거의 중시되지 않고 있다.

---

4   Spada and Tomita, 2010; Norris & Ortega, 2000; Lightbown & Spada, 2013

'가공식품 같은 영어'만 섭취하면 안 된다

'기존지식의 원칙을 토대로 개별문제를 해결한다'는 뇌의 연역적 사용방법은 지성을 연마하기 위해서건 사회를 살아가는 데 있어서건 빼놓을 수 없다. 가령 몇 가지 공리와 증명된 정리를 이용하면서 문제를 푸는 '수학'이라면, 그야말로 이런 발상의 힘을 양성하는 것을 목적으로 한다.

신기한 것은 '영어' 과목에 이것이 도입되어 있다는 사실이다. 문법 지식을 조합하면서 차근차근 '퍼즐'을 풀어가는 능력은 문맥에 맞춰 순식간에 음성으로 응답하는 능력과 같지 않다. 후자를 습득하기 위해서는 별도의 트레이닝이 필요하다[5].

실제의 커뮤니케이션을 생각해보라. 눈앞에 있는 것은 언제나 구성부품을 확연히 볼 수 있는 골조가 아니라, 뼈대와 살이 혼연일체가 된 한 덩어리, 즉 **'통째'**다.

수험영어에는 '아이는 이 통째를 소화할 수 없다'는 선입관이 깔려있다.

게다가 이런 사고방식은 학습자에게도 침투해있다. 학원에서 숙제로 내준 도서나 동영상 교재에 배우지 않은 내용이 조금이라도 들어있으면, "아직 안 배웠는데요!"라고 화부터 내는 부모

---

5 和泉, 2009

와 학생이 있다.

그렇다면 학교 영어는 어떤가? 학교는 부위별로 따로따로 분리하여 처리한 '소화하기 좋은 가공식품'만을 제공한다. 이런 합성사료로 순수배양된 아이들은 '대학입시'라는 목장 안에서는 아무리 우수하더라도 영어 커뮤니케이션이라는 황야로 나가면 '날(生) 영어'를 전혀 소화하지 못한다.

현실 속 영어는 항상 '통째'로 날아들기 때문에, 다소 모르는 요소가 포함되어 있어도 스스로 의미를 상상하면서 일정량의 인풋을 지속하는 것이 필수다. 그러는 편이 문법 지식의 정착과 응용력 양성에는 플러스가 되고 시간도 적게 든다.

'영상'으로 배우면 영어의 '소화력'은 비약한다

이때도 반추해야 할 것은 아기의 학습방법이다.

아기가 음식물을 섭취할 때는 분유나 모유를 거쳐 이유식으로 단계를 밟을지 모르지만, 언어습득의 경우에는 마치 야생동물과 같이 대량의 음성을 '통째'인 채로 늠름하게 섭취해나간다. 그러다 보면 차츰 '날 언어'를 소화할 수 있는 건강한 소화기관을 갖추게 되는 것이다[6].

---

6 Ellis, 2009; Gass, 2013

언어학자 **놈 촘스키**는 인간은 누구나 **보편문법**(Universal Grammar) 이라는 언어의 씨앗을 가지고 있다고 생각했다. 이것은 50여 년 전에 제창된 고전적인 가설이지만, 교육현장에서 아이들의 학습 프로세스를 관찰하는 사람도 크게 공감하는 사고방식이다.

식물의 씨앗이 꽃을 피우기 위해서는 물, 햇빛, 토양이라는 양분이 필요한 것과 마찬가지로, 언어가 아름다운 꽃을 피우기까지는 지속적인 **언어자극**(문맥과 언어의 대응 관계)을 빼놓을 수 없다.

아이에게 대량의 언어자극을 주고 싶다면, 원어민과 대화할 기회를 많이 만들어주는 것이 최고의 방법이다. 실제로 아기는 그런 식으로 언어와 접촉하면서 모국어를 습득해간다.

하지만 이 같은 방법에는 환경적으로도 한계가 있다. 게다가 자아가 형성된 아이라면 이런 일방적인 '영어 샤워'는 금방 싫어하게 된다.

그렇다면 어떻게 해야 영어를 '통째'로 인풋 할 수 있을까?

먼저 정답부터 말하면, 베스트는 역시 **영상**이다.

① 일정한 '상황'을 '눈'으로 보면서,
② 변화하는 '소리'를 '귀'로 듣고,
③ 동시에 '발성'을 '입'으로 실행한다.

이 세 가지를 실행하며 청각과 시각을 동시에 자극할 수 있는 동영상이야말로 '인류 최강의 어학학습법'을 가능케 한다. 무슨 말인지 조금 더 자세히 살펴보자.

문법학습에는 '상황'이 빠져있다

말의 의미는 항상 **'상황'** 혹은 **'문맥'** 안에 있기 때문에, 진짜 유용한 어학 능력을 습득하기 위해서는 **상황 속의** 의미를 이해하는 연습이 필요하다. 말의 사전적 의미나 형식적인 문법을 배우는 것만으로는 언어의 순발력은 절대 단련되지 않는다.

다음과 같은 예문과 설명이 있다고 하자.

> • Could you open the window?
>
> : Could는 Can의 과거형. 여기에서는 과거의 의미가 아니라 완곡표현의 용법이므로 "창문을 열어줄 수 있습니까?"라는 보다 정중한 의미가 된다.

그런데 이 설명은 어디까지 정확할까?

예를 들어 영화의 한 장면에서 노신사가 창문을 가리키며 주인공에게 아주 험악한 표정으로 "Could you open the window?"라고 소리쳤다면?

사용된 언어는 같지만 '상황 속의 의미'는 전혀 다르다.

오히려 could를 사용함으로써 은근히 무례한 느낌이나 명령적인 태도가 한층 강조된다. 게다가 적(상대)이 불쾌한 뉘앙스를 담은 이 같은 could의 사용은 결코 드문 일이 아니다.

상황은 무시한 채 형식적인 문법만을 배운다면 '원래의 의미'는 누락되고 만다. 그러니 노신사가 소리치고 있는 모습을 '영상'으로 보면서 배우는 편이 훨씬 효과적이라고 생각하는 것은 당연하다.

왜 '카드로 배운 단어'는 도움이 안 될까?

'상황' 안에서 영어를 배우는 스타일은 **단어학습**에서도 유용하다.

어린아이에게 단어를 외우게 하려고 어린이용 **단어카드**를 사는 이들도 있겠지만, 이 역시 추천하고 싶지 않다.

독자 여러분 중에는 학창 시절 **단어장**을 이용해 단어를 암기한 분도 많을 것이다. 이것은 '부분 축적식 영어'의 대표격이다.

요즘에는 장르별로 관련 단어를 정리해둔 것도 있긴 하지만, 예를 들어 입시에서의 출제빈도 순서로 만들어진 단어장을 보면 각 단어 사이에는 어떤 연관성도 찾을 수 없는 경우가 대부분이다. 즉, 단어가 사용되는 '상황'이 빠져있다.

반면, 아기들은 역시 '상황 속에서' 단어를 배워간다.

'엄마'라는 말은 가족 구성원을 가리키는 일반명사가 아니라, 언제나 자기를 안아주는 '이 사람'을 일컫는 말로 이해한다. 마찬가지로 '사과'라는 말도 가끔 '엄마'가 토끼 모양으로 깎아주는 과일을 의미한다.

한편 미국에서 'apple'이라고 하면 우리가 흔히 먹는 부사 같은 종의 큼직한 사과가 아닌 좀 작은 품종의 사과를 떠올린다. 애플사의 로고를 보면 쉽게 알 수 있듯이, 이 사과는 껍질을 깎지 않고 그대로 베어먹는 것이 일반적이다.

아이의 단어는 <Picture Dictionary>가 최고

아이가 모국어를 습득할 때, 상황과 단어의 대응 관계는 일상생활 공간에서 랜덤으로 진행되기 때문에 단어는 '필요한 것 순'으로 자연스럽게 학습된다.

반면 외국어를 습득할 때는 주변에 원어민이 있거나 하지 않는 한 모국어처럼 되진 않는다. 상황과 단어를 적절하게 대응시키고 나아가 그것을 여러 번 반복할 수 있도록 하는 도구가 필요하다.

그래서 추천하는 것이 Picture Dictionary다.

큼지막한 그림 속에 온갖 사물들이 그려져 있고, 각각에 영어 단어가 인쇄된 것은 아이들의 단어학습에 제격이다.

하나의 풍경 속에서 실제 사물을 눈으로 보면서 그것의 이름을 소리 내어 말한다 - 이것이 가장 원시적으로 Vocabulary를 익히는 방법이다.

엄마와 아이가 나란히 앉아 그림을 가리키면서 단어를 발음해 보는 것도 좋고, "It is a cat. It isn't a cat. It is a dog."과 같이 간단한 문장을 입 밖으로 내는 연습을 해도 좋다. 어쨌든 처음부터 술술 읽거나 말을 잘할 필요는 없다.

이것만 명심한다면, 앞서 '추천하지 않는다'고 했던 단어카드도 유용하게 사용할 방법이 있다. 예를 들어 카드 여러 장을 사용해서 하나의 '이야기'를 만드는 것도 좋은 아이디어다. 요컨대 관계가 없는 단어를 뒤섞어 놓고, 공부가 아니라 어떤 공통된 테마로 연관시키는 것이다.

JPREP의 KIDS클래스에서는 예컨대 'Saint Patrick's Day'에 대해 선생님이 이야기하는 날에는 'green' 'Ireland' 'shamrock' 같은 관련 있는 단어카드를 보여주면서 소리 내어 말해보게 하고 이것을 사용해 게임을 한다.

이해를 돕기 위해 설명하면, 아일랜드에서 발상된 '성 패트릭 데이'에는 샘록이라는 식물이나 녹색의 장식품으로 몸을 치장하는 풍습이 있다. 이런 외국의 독특한 축제일과 연결지어 단어를 기억하면, 낯선 단어라도 아이의 기억에는 정착하기 쉬워진다.

언어의 규칙을 '스스로 발견'하게 한다

우리의 영어교육이 '가공식품을 제공하는 스타일'이 되어버린 것은, 기초지식이 없는 상태에서 돌연 '통째'의 먹거리를 건네주면, 아이는 아무것도 이해하지 못하고 '소화불량'을 일으킬 것이라는 우려 때문이다. 혹은 수험대비 학원에서의 다른 교과 지도 방식의 영향 때문일 가능성도 있다.

그렇지만 <u>10살 이전의 아이라면, '소화불량'에 대한 걱정은 그다지 할 필요가 없다.</u> 하물며 문법을 가르치지 않은 6~7살의 아이도, 우리 학원에 들어와 반년이 채 되기 전에 즐겁게 영어를 말할 수 있게 된다. 원어민 선생님이 "이번 주에는 무슨 일이 있었니?" "무슨 재밌는 일 없었어?"라고 질문을 던지기 무섭게, 아이들은 즉흥적으로 이야기한다.

이때 아이들은 "관사는 a를 써야 하나?"라거나 "3인칭 동사에는 s를 꼭 붙여야 해."라는 식의 생각은 1도 하지 않는다. 자신의 영어가 상대방에게 전달된다는 사실을 순순히 즐기고 있다. 물론 관사를 빼먹거나 시제가 엉망이 되는 일은 드물지 않을뿐더러, 가끔은 이런 실수를 하는 아이도 있다.

> • I speaked with Grandma.

이것도 파닉스의 경우와 마찬가지다. 이른바 '가치 있는 실수'다. 실제로 내가 미국에 있을 때, 원어민 아이들도 이처럼 실수하는 것을 여러 번 들은 적이 있다.

영어를 '통째로' 여러 번 듣다 보면, 어느새 과거에는 '-d/-ed'를 붙인다는 것을 깨닫고, 스스로 그 규칙을 응용한다(speak의 과거는 spoke). 이런 시행착오 과정을 존중하는 태도가 아이의 영어학습을 지켜보는 어른에게는 반드시 필요하다.

반대로 아이가 가진 잠재력을 믿지 못하고, 가공식품과 같은 영어만을 제공하면 결국 그 아이는 '날 영어'를 소화하지 못한 채 성장하게 된다.

문법이나 단어의 학습은 학년이 올라가면 얼마든지 할 수 있고, 학교 영어에서도 그 기회는 얼마든지 준비되어 있다. 오히려 개념적인 학습은 어느 정도의 학년이 되었을 때 하는 편이 효율적이다.

영어를 영어 그대로 받아들이는 힘을 키워주고 영어에 대한 자신감을 길러주려면, 문법이나 스펠링 같은 사소한 실수에는 가능한 한 관대해질 필요가 있다. 그보다는 '내 영어가 통했다!'는 경험을 최대한 많이 축적하는 것이 중요하다.

Chapter 03

'단순히 영어 잘한다'가 끝이 아니다

발상 전환 ③ ▶ '영어를'이 아닌 '영어로' 배운다

영어만 배우는 건 아깝다

"역시 영어로 둘러싸인 환경이 제일이겠네요?"

이런 질문을 간혹 부모님들로부터 받을 때가 있다.

확실히 영어를 '소리' '통째'로 섭취하기 위해서는 영어를 모국어로 하는 가족, 교사, 친구에게 둘러싸여 일상적으로 '영어 샤워'를 하는 것이 제일이다. 실제로 이런 환경에 어릴 때부터 지속해서 노출되면 어느 정도는 영어를 말할 수 있게 될 것이다.

하지만 대부분의 부모는 자신의 아이가 '영어만 잘하는 아이'로 자라기를 바라진 않는다. 그저 세상을 씩씩하게 살아가기 위한 한 가지 기술로서 영어의 가능성을 인식하고 있을 뿐이리라.

그렇다면 영어만을 위해서 영어를 배우는 학습 스타일은 정말 아이에게 도움이 될까?

아이의 시간은 유한하다. 예컨대 영어를 공부시킬 시간에 가족이 함께 여행이나 캠프를 갈 수도 있고, 할아버지 할머니 댁에 더 자주 찾아뵐 수도 있다. 친구와 평생 남을 추억을 만들 수도 있으며, 정말 좋아하는 스포츠나 음악을 배울 수도 있다. 오히려 장기간에 걸쳐 주체적으로 꾸준히 배울 수 있는 모티베이션은 이런 계기를 통해 얻을 수 있다.

그런 기회를 포기해가면서까지 '단순히 어학 공부를 위해' 시간을 소비할 가치가 있는가? 라는 관점은 늘 필요하다.

'영어 포기자'가 돼버리면 본전도 없다

SLA 연구에서도 '영어만을 공부하는 것'은 다음 두 가지 이유에서 추천하지 않는다.

① 모티베이션이 유지되기 어렵다
② 학습효율이 오르지 않는다

먼저 전자의 모티베이션에 대해 이야기해보자.

SLA의 학술연구에서 '외국어를 마스터하기 위해서는 학습의 지속이 불가피하다'는 것은 너무나 잘 알려진 사실이다[7].

이것은 굳이 학자의 논리를 빌려 말할 것도 없이, 외국어를 배워보려고 했던 경험이 있는 사람이라면 누구라도 납득할 이야기일 것이다.

우리는 통상 모국어에 노출되어 있기 때문에, 아무리 영어를 공부해도 금방 '모국어 두뇌'로 돌아오고 만다. 정말 영어를 잘하고 싶다면 뇌에 지속해서 영어의 자극을 주고, 자기 나름대로 영어로 뭔가를 표현하는 작업을 반복할 필요가 있다.

그리고 일정 기간에 걸쳐 학습을 지속하기 위해서는 **모티베이션의 유지**가 중요한 키가 된다.

어떻게 모티베이션을 유지시킬까도 언어학습의 중요한 요소이다. SLA 세계에서도 어떤 동기부여가 어떤 영향을 미치는가를 연구하는 사람들이 있다[8].

관심분야의 영어로 '예측하여 읽고 듣는' 능력을 키운다

아이의 모티베이션 유지에서 중요한 것은 아이 자신이 관심을 가질 수 있는 콘텐츠를 사용하고 있는가 아닌가이다.

여러분은 학교에서 읽으라고 하는 영어문장을 '재미있다'라

---

7 村野井, 2006
8 Dörnyei, 2001

고 느낀 적이 한 번이라도 있는가? 학교의 교재는 '출제, 채점의 용이성'이나 '보편성'을 지나치게 고려한 나머지 독도 약도 아닌 무미건조한 문장을 선정하기 일쑤다. 그러니 대다수 학생이 '영어는 재미있다!'라고 느끼지 못하는 것은 지극히 당연한 일이다.

반면, 아이의 관심사를 바탕으로 교재를 선택하면 여러 가지 장점들이 있다. 첫째는 물론 아이가 좋아하는 것을 토대로 하기 때문에, 집중력도 유지할 수 있고 학습의 지속과 반복이 용이해진다.

또 관심 있는 콘텐츠라면, 배경지식을 토대로 한 인풋이 가능해진다. 가령 모르는 단어나 알아듣기 힘든 문장이 나와도, '알고 있는 것'을 활용하여 자기 나름대로 '예측'하면서 영어를 읽고 들을 수 있다. 외국의 게임 공략 동영상을 YouTube로 보면서 영어 실력을 키웠다는 아이의 이야기는 앞서도 언급했는데, 그 외에도 축구나 패션을 중심으로 영어를 접하고 있는 학생, 애니메이션이나 영화의 세계를 연결고리로 하는 학생도 있다. 이미 서술한 대로 나 역시 외국의 라디오방송 듣기를 좋아하던 것이 계기가 되어, 결국 예일대학에서 박사학위까지 받게 된 것이다.

아이의 **몰입하는 힘**을 무시해선 안 된다. 그 집중력을 잘 활용하면 아이의 영어 실력을 향상시킬 수 있다는 사실을 잊지 말자.

'부모의 한마디'로 사라진 의욕은 좀처럼 회복이 어렵다

모티베이션에 대해 한 가지 더 주의해야 할 것은 아무렇지 않게 던진 한마디가 아이의 의욕을 깎아내린다는 사실이다.

학원에 오는 아이들의 능력은 저마다 다르게 마련이다. 하지만 그 격차는 여러분이 생각하는 것만큼 절대로 크지 않다. 그런데 왜 실력이 쑥쑥 향상되는 아이와 도중에 포기하는 아이가 생기는 것일까?

그것은 본인의 **자신감**에 의해 결정되는 부분이 크다.

자신감이 있는 아이는 자신의 영어 실력이 향상되리라는 사실을 의심하지 않는다. 그들은 "학원에서 이만큼 열심히 배우고 있는데, 내가 영어를 말할 수 있게 되는 것은 당연해!"라는 자신감 넘치는 표정을 잃지 않는다.

반면 그렇지 않은 아이의 경우, 부모의 말과 태도에 특징이 있다. 단적으로 말하면 아이를 칭찬하지 않는다. 경우에 따라서는 아이가 보는 앞에서 "우리 애는 날 닮아서 영어를 잘하지 못해요."라거나 "우리 애는 게을러서 안 돼요!"라는 식으로 말하는 부모도 있다.

부모의 말에는 엄청난 힘이 내포되어 있다. 이런 말 한마디가 얼마나 아이를 상처 입힐까를 생각하면 마음이 너무 아프다.

'그렇구나, 나는 엄마를 닮아서 영어를 못하는구나……'

'그래, 확실히 난 게을러서 안 돼. 영어는 포기하자.'

아이가 한번 이렇게 생각하게 되면, 이를 회복하는 데에는 엄청난 노력과 시간이 필요하다.

영어는 적절한 공부법으로 꾸준히 노력하면, 어떤 아이든 잘할 수 있다. 잘못된 지식에 근거한 잘못된 말 한마디로 아이의 장래를 망치는 일은 절대 해서는 안 된다. 아이를 칭찬하고 또 칭찬하자. 그렇게 영어를 할 줄 알면 어떤 즐거움이 찾아오는지를 아이가 실감할 수 있도록 해야 한다.

영어만 배우면 오히려 효율이 떨어진다

'영어만을 위한 영어학습'을 피해야 하는 두 번째 이유는 단순히 '영어를' 배우기보다 '영어로' 뭔가 다른 지식을 배우는 편이 학습효율을 높일 수 있기 때문이다.

그래서 실천하는 것이 CLIL(Content and Language Integrated Learning : 콘텐츠와 언어 통합형 학습)이다. 이것은 말 그대로 다른 교과 콘텐츠의 이해와 언어습득을 통합시킨 학습으로, 세계적으로 어학수업에 도입하고 있는 방법이다[9].

더욱이 외국어교수법 세계에서는 학생이 흥미를 갖는 교과분

---

9 Coyle et al., 2010

야를 제2 언어로 배움으로써, 새로운 지식의 획득과 어학습득을 동시에 실현하자는 CBI(Content Based Instruction : 콘텐츠에 근거한 지도법)라는 사고방식도 이전부터 제창되어오고 있다[10].

운동선수의 뛰어난 외국어 실력은 콘텐츠에 기초한 어학 학습의 유효성을 잘 보여주는 일례라 할 수 있다. 외국인 선수들의 유창한 우리말 실력은 특정 종목의 운동이라는 문화적 콘텐츠 안에서 언어를 흡수하기 때문이다.

JPREP 학생들이 매년 여름이면 English 캠프를 개최하는 것도 '확대판 CLIL'을 의도해서 추진하는 프로그램이다. 교실을 떠나 풍요로운 자연 속에서 3박 4일 동안 영어로만 이뤄진 환경에서 지내다 보면, 아이들 대부분이 멋지게 영어를 말할 수 있게 된다.

다만, 실제의 CLIL은 스포츠나 캠프보다는 통상의 교과학습이나 전문성이 높은 교육과 한 세트로 구성되는 것이 일반적이다.

JPREP에서는 헤밍웨이의 『노인과 바다(The Old Man and the Sea)』나 하버드대학의 경제사학자인 퍼거슨의 『문명(Civilization)』을 읽힌다. 그 밖에도 고대 로마사나 초등 물리학, 프로그래밍 수업을 영어로 진행하거나, 러셀의 『서양철학사(History of Western Philosophy)』를 읽기도

---

10 Snow & Brinton, 2017

한다.

지난번에는 가장 높은 레벨의 아이들과 웨일스대학의 국제관계론의 대가인 에드워드 카의 『위기의 20년(The Twenty Years' Crisis)』을 소재로 하여 "독일의 히틀러 정권과 교섭한 영국은 왜 전쟁을 막지 못했는가?"에 대해 토론(물론 영어로)을 했다.

관심사를 축으로 하여 뭔가를 배운다는 것은 단순히 '좋아하느냐 마느냐'만의 문제가 아니다. 진정한 지적 호기심을 자극할 수 있는 콘텐츠인지 아닌지를 음미하는 것과 아주 밀접하다.

'진짜' 영어인가? — 소재가 진짜여야!

우리 교육에서는 무미건조한 소재를 사용하여 한결같이 기초 굳히기를 위한 '수행'을 한 다음, 그 뒤에 그다지 재미있지도 않은 응용편이 보너스처럼 따라오는 것이 마치 규칙처럼 정해져 있다.

하지만 '학습용으로 제작된 영어'가 아니라, 생생히 살아있는 '진짜 영어'를 맛볼 기회가 나이 상관없이 반드시 필요하다.

SLA 세계에서도 소재가 되는 영어가 **진짜**(Authenticity) 영어여야 학습효율에 큰 영향을 미칠 수 있다는 보고가 있다[11].

---

11 Gilmore, 2007

바꿔 말하면, 원어민이 절대로 말하지 않는 '가공된 부자연스러운 예문'만 줄기차게 입력해도 영어 실력은 좀처럼 늘지 않는다. 영어를 유창하게 구사하고 싶다면, 영어를 모국어로 하는 사람들이 생산해낸 진짜 영문 소재를 선택해야 한다.

영어는 세계 어딜 가나 사용하는 공통어이므로, 무엇이 진짜고 무엇이 가짜인지 애매하긴 하다. 하지만 사회에 나갔을 때, 자연스러운 영어를 말하느냐 못하느냐는 현실적인 문제로써 그 사람에 대한 평가를 크게 좌우한다. 그런 사정까지 고려하면, 역시 학습 소재로는 '진짜로 통용되는 영어'를 골라야 할 것이다.

여기까지 다소 복잡한 이야기였으므로 간단히 정리를 하자. 아이의 외국어 학습에 있어서는 다음의 세 가지를 반드시 의식해야 한다.

① '문자'가 아닌 '소리'로 배운다
② '단편'이 아닌 '통째'로 배운다
③ '영어를'이 아닌 '영어로' 배운다

이것이 기본 중의 기본이다. 심플, 그 자체다.

그렇지만 이것을 잘 알고 있더라도, 사실은 '작은 함정'들이 여전히 남아있다. 기본편의 마지막을 장식하는 다음 챕터에서는 JPREP의 부모님들에게서도 곧잘 볼 수 있는 5가지 오해를 살펴 보도록 하자.

Chapter 04

우수한 부모일수록
오해하기 쉬운 5가지

오해 서툴게라도 대화만 되면 충분하다
진실 '유치한 영어'로는 손해 볼 수도!

'외국어 집중훈련'만 했을 때의 문제점

"영어도 어차피 말일 뿐이다. 몸으로 부딪쳐가며 **서툴게라도**
할 줄 알면 되지!"

자신의 영어 실력의 참상을 못내 보기 힘들어선지 이렇게 말
하는 사람들을 곧잘 본다. 그리고 나 역시 이 의견에 어느 정도
공감하는 부분도 있다.

영어는 결국 써먹기 위해 배우는 것이고 언제까지나 수행만
하고 있을 수 없으므로, 당장 황야로 뛰쳐나가고픈 마음이 굴뚝
같을 때가 종종 있다.

그런가 하면 '통하기만 하면 된다'를 너무 강조한 나머지, 문법이나 세세한 표현을 경시하는 풍조가 만연하는 데에도 위기감을 느낀다.

아이의 영어교육에서, '통하기만 하면 된다!'는 식의 선동에 이끌려 생겨난 것이 '**집중훈련**(Immersion)' 식 교육스타일이다.

'Immersion'이라는 말의 기원인 'immerse'는 '담그다'는 뜻이다. 요컨대 영어환경에 아이를 밀어 넣어 '영어에 푹 담기게 하는 교육'이라고 말하면 이해하기 쉬울 것이다. 그중에는 '**토탈 이머젼**(Total Immersion)'이라고 부르는 원어민에 의한 100% 영어교육도 있다.

'어려서부터 영어 집중훈련을 하면 바이링궐이 될 수 있다!'라고 믿으며 유치원 때부터 이머젼 스쿨에 보내는 열정적인 부모도 적지 않은 것 같다.

하지만 비즈니스나 외국 유학에서도 충분히 통용하는 영어 실력, 그리고 그에 더하여 지적 체력까지 연마하기를 바란다면, 이머젼(집중훈련)을 비롯한 교육계획은 좀 더 장기적인 안목으로 재고할 필요가 있다.

일단 어릴 적에 보고 따라 하며 터득한 영어는 결국 '아이 수준의 영어'일 뿐으로, 그대로 사용하면 사회에서 통용되지 않는다.

그리고 장래에 어떤 것을 배우고 싶은지의 비전도 없이 유아기에 영어를 배우게 해도 그 능력은 실천할 기회도 얻지 못한 채 아이의 성장과 더불어 망각의 세계로 사라지고 말 것이다.

마지막으로 유아기의 이머젼(집중훈련)은 모국어에 의한 학습시간을 희생해서 얻어지는 것임을 명심해둘 필요가 있다.

'귀국자녀의 영어는 쓸모가 없다'고 하는 이유

부모의 직장이나 사업으로 인해 유소년기에 해외에서 살다가 귀국한 자녀는 외국계 기업에 취직했을 때 벽에 부딪히는 경우가 많다는 이야기를 들은 적이 있다.

유창한 영어회화 실력을 인정받아 채용되었음에도 불구하고, 막상 뚜껑을 열어보니 '그' 혹은 '그녀'가 말하는 영어가 너무 유치해서 비즈니스에는 도저히 적합하지 않기 때문이다.

간혹 텔레비전 프로그램에서 이른바 혼혈아인 탤런트가 연상의 어른에게 예의 없이 '반말'을 쓰는 것을 보고 재밌어하는 풍조가 있는데, 그런 상황이 비즈니스 장면에서 벌어진다면 그야말로 치명적이다.

게다가 요즘 시대에는 '영어를 말할 줄 아는 아이'가 더는 보기 드문 존재가 아니다. 그렇다 보니, 일상적인 회화 능력만이 아니라 일정한 지성을 갖춘 '어른의 영어'까지 마스터하지 않는 한, 수많은 인재 속에 묻혀버릴지도 모른다.

세계 각국에 지사를 둔 외국계 컨설팅기업의 관계자에게 들은 이야기다. 그 회사 내부에서는 '일본지사만이 영어가 통하지 않는다'는 안타까운 평판이 나있다고 한다.

이 회사는 전략컨설팅으로는 세계 탑을 자랑하는 기업이므로, 고용된 직원은 분명 탑클래스의 우수한 인재임이 분명하다. 그런데도 제대로 영어를 말할 수 있는 사람은 고작 30%이고. 나머지 70%의 직원은 '실무수준의 영어 실력이 없다'고 보는 것이다. 이는 영어 실력 자체의 수준도 그렇지만, 비즈니스 현장에서 통용되는 표현력이 부족하다는 이야기다. 이제는 "영어? 말할 줄 알면 되는 거 아냐?"라거나 "부딪쳐보면 어떻게든 되겠지!"라고 한가하게 이야기하고 있을 시대가 아니다.

'진정한 어학력'을 측정하는 CEFR이란?

그렇다면 '어른의 영어'란 구체적으로 어떤 것일까?

참고로 제시하고 싶은 것은 CEFR(Common European Framework of Reference for Languages : 유럽 언어 공통평가기준)이라는 언어 능력의 국제적인 평가 가이드라인이다.

이것은 영어뿐만 아니라 여러 나라 언어에 사용되며, 초심자 레벨인 'A1'부터 최고 레벨인 'C2'까지 각각에 기준이 설정되어 있다.

CEFR의 기준
(각종 영어시험과의 난이도 비교)

CEFR		TOFEL			IELTS
레벨	기준	Junior (Standard)	Junior (Comprehensive)	iBT	
C2	거의 대부분의 화제를 쉽게 이해하고 그 내용을 논리적으로 재구성하여 아주 세세한 뉘앙스까지 표현할 수 있다.	–	–	–	8.5 -9.0
C1	광범위하고 복잡한 화제를 이해하고 목적에 맞는 적절한 어휘를 사용하여 논리적인 주장과 논의를 구성할 수 있다.	–	–	95 -120	7.0 -8.0
B2	사회생활에서의 폭넓은 화제에 대해 자연스럽게 대화할 수 있고, 명확하고 상세하게 자신의 의견을 표현할 수 있다.	850 -900	341 -352	72 -94	5.5 -6.5
B1	사회생활에서의 친근한 화제에 대해 이해하고 자신의 의사와 그 이유를 간단히 설명할 수 있다.	745 -845	322 -340	42 -71	4.0 -5.0
A2	일상생활에서의 친근한 일들에 대해 간단한 대화를 주고받을 수 있다.	645 -740	300 -321	-41	3.0
A1	일상생활에서의 기본적인 표현을 이해하고 아주 간단한 대화를 주고받을 수 있다.	600 -640	280 -299	–	2.0

이것은 '케임브리지대학 입학 시에는 CEFR B2 레벨의 영어 실력이 필요하다' '당사에 입사하고 싶은 사람은 CEFR C1 수준의 프랑스어 실력이 없으면 곤란하다'는 식으로 어학 능력을 공통의 기준으로 평가할 수 있다. 이민이나 다언어사용자의 비율이 많은 유럽이기에 특히 유용한 시스템이다.

일상회화 수준으로는 부족하다

'어른의 영어'라고 할 수 있는 것은 CEFR의 B2 수준을 말한다. 즉, '자기의 전문분야에 대한 기술적인 논의는 물론이고, 추상적이고 구체적인 화제에서도 복잡한 문장의 주요 화제를 이해할 수 있는' 수준이다. 요컨대 비즈니스나 학문의 현장에서도 자신의 전문성을 축으로 하여 커뮤니케이션을 할 수 있는 언어수준이다.

그런데 그렇게 어렵다는 대학입시 '영어'의 경우, 어휘나 문법 지식만 보면 B2에 상응하는 수준이지만 표현력을 묻는 문제는 거의 없다. 그 결과 고졸자 절반 이상은 A2 수준에도 채 미치지 못하는 영어 실력이라고 평가받는다.

그런가 하면 어중간한 이머젼(집중훈련)을 통해 익힌 영어 실력도 고작해야 A2 수준이다. 말하자면 '영어를 말할 줄만 알면 어떻게든 되겠지'라는 정도에 불과하다.

여기서 말하는 A2와 B2의 차이는 언어학에서 말하는 **생활언어능력**(BICS: Basic Interpersonal Communication Skills)과 **학습언어능력**(CALP: Cognitive Academic Language Proficiency)의 차이라고 볼 수 있다.

나는 부모님들께 일상생활을 위해 필요한 어학실력이 아니라, 세계를 늠름하게 살아나갈 폭넓은 '스킬 세트'를 지향하라고 부탁하고 싶다.

외국인 친구를 만들기 위해서라면 A2로도 충분하다. 하지만 외국어 실력을 무기로 미래의 직장에서 활약하고 싶다면 애초부터 B2 수준을 목표로 해야 한다. 그러기 위해서는 영어로 지적인 작업에 집중하는 CLIL과 같은 프로세스를 빼놓을 수 없다.

실제로 JPREP에서도 대학입학까지 학생들을 CEFR B2 수준까지 끌어올리는 것을 목표로 하고 있고, PART 2의 방법들도 최종적으로는 아이를 이 수준까지 이끌어주기 위한 것이다.

이것은 무작정 목표만을 높인 것이 결코 아니다.

개인적인 생각이지만, A2 수준에 만족할 바에는 아이의 귀중한 시간을 차라리 다른 데 쓰도록 하는 편이 장기적으로는 아이를 위한 일이라고 생각하기 때문이다.

일이나 학문에서도 통용되는 B2를 목표로 했을 때 비로소 아이는 장래를 위한 영어의 이점을 실감할 수 있고, 모국어를 통한 여러 가지 지적작업에서도 상승효과를 얻을 수 있다.

그렇다고 이머젼 방식의 교육을 전면 부정할 생각은 없으며, 우리 역시 All English 환경의 영어유치원을 경영하고 있다. 다만, 이머젼 방식의 학습을 도입하려면, 시기를 구분하여 단기집중형으로 하는 등의 방안을 모색하길 바란다. 그리고 그 경우에도 유소아기에 습득한 어학 능력을 '유지'하기 위해서는 나름의 노력이 필요하다는 점을 유념해두어야 한다.

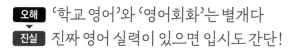

오해 '학교 영어'와 '영어회화'는 별개다
진실 진짜 영어 실력이 있으면 입시도 간단!

왜 '영어회화 공부'만으로는 '성적'이 안 오를까?

우리 학원에서는 정부의 학습지도요강에 맞춰진 수업은 하지 않는다. 대부분의 교재는 자사에서 개발하고 있고, 시판하는 것이라도 영어권에서 유학하는 비원어민 학생들이 공부하는 참고서를 사용한다.

아이의 성적향상과 입시대책을 기대하는 부모님은 이 점이 불안한지 "선생님, 영어회화도 중요하지만 학교 성적은 괜찮을까요?"라고 묻기도 한다.

이런 부모님은 '학교 영어'와 '실천적 영어 실력'이 전혀 별개의 것이라고 인식하고, 영어회화를 잘해도 학교 성적에는 직결되지 않는다고 생각하는 것 같다.

확실히 전에는 영어회화 학원에 다닌 덕분에 영어는 그런대로 말할 수 있는데, 이상하게 학교 성적은 좋아지지 않는 아이들이 곧잘 있었다.

앞에서도 보았듯이 이것은 영어회화 학원이 풀어야 할 과제이기도 하다. 즉, 표면적인 회화 능력을 단련하는 이머전 교육만을 실시하고, 영어로 지적인 작업을 수행하는 연습메뉴는 제대로 제공하지 않았던 것이다.

그리고 학교 측에도 큰 문제가 있다. 분석적인 지식을 묻는 교육과 시험대책에 편중되어 커뮤니케이션 능력을 제대로 키워주지 못했다.

이러한 엇갈린 교육방식이 양자의 부조화를 야기한 것이라고 생각한다.

문제투성이인 초등영어에도 기회는 있다

교육체계의 변화를 둘러싸고, "과연 초등학교에서 영어를 가르칠 수 있는 인재가 있을까?"라는 비판의 목소리가 높다. 일본의 경우 영어교사 면허를 가진 초등학교 교사는 전체의 5%에 불과하다고 하니, 그야말로 전국에서 '무면허 운전'이 시작될 판이라고 해도 과언은 아닐 것이다.

이런 혼란을 예측해선지 전국에서 많은 교사들이 '의견을 듣고 싶다'며 나를 찾아오곤 한다. 그분들께 들은 현장 이야기에 따르면, 상당히 힘든 미래가 기다리고 있는 것은 분명해 보인다. 당분간은 어수선한 상황이 예상되고, 아이들에게 본질적인 이득이 있을까에 대해서도 심히 의문스럽다.

그렇다고 부정적인 면만 강조하고 있을 수는 없는 일! 부모와 교육자로서 할 수 있는 일은 이 새로운 교육시스템을 잘 활용하는 것뿐이다. 집에서 할 수 있는 것은 무수히 많고, 그것이 일단은 성적향상이라는 단기적 실리로까지 이어진다면 긍정적으로 받아들일 일이다.

초등학교 선생님 역시 방안을 모색할 여지는 있다. 아니, 오히려 초등학교가 중고등학교보다 환경적으로는 더 나은 편일지 모른다.

모든 과목을 혼자 가르쳐야 하는 초등학교 담임선생님은 다른 과목의 진척 상황을 파악하고 있으므로, 가령 수학이나 과학에서 배운 것을 영어로 복습하기도 하고, 국어나 사회 교과의 내용을 영어의 관점으로 바꿔 생각해보는 수업도 할 수 있다.

모국어로 이미 배운 내용을 영어로 다시 배운다면, 이해도가 높아짐과 동시에 지식의 깊이 또한 깊어질 것이다. 초등학교의 '영어교실'은 CLIL을 위한 환경으로는 그야말로 이상적이라 할 수 있다.

단, 종래의 학교 영어를 단순히 축소 모방하는 교육방법을 초등학교 아이들에게 강요하는 사태만은 반드시 피해야 할 것이다.

특히 시험을 보더라도 페이퍼 테스트만 보는 '영어'의 도입은 '영포자(영어포기자)'의 비율을 급증시킬지 모른다. 그렇게 되면 중학교 이후의 학습에도 마이너스 효과를 낼 뿐이다. 아이들이 동기를 가지고 학습에 열중할 수 있도록 초등학교 선생님들은 반드시 좋은 방안을 찾아야 한다.

'영어성적이 좋은 아이=수재'는 이제 아니다!

대학입시 개혁이 큰 의미를 갖는 것은 그보다 앞서 이뤄지는 교육, 즉 고교와 중학교 그리고 초등학교 수업에까지 큰 영향을 미칠 것이기 때문이다.

학교나 학원의 영어가 '부품'을 꿰맞추는 식의 수업을 반복했던 것은 대학입시에서 '부품적인 지식'이 요구되었기 때문이다. 아무리 쓸데없다는 걸 알아도 '학생을 대학에 합격시키는 것'이 목표가 된 교사나 강사로서는 문법 중심의 '쓸 수 없는 영어'를 가르치는 것이 가장 합리적이었으리라.

게다가 학교 현장에서는 선생님들이 아무리 노력해도 혼자 힘으로 쉽게 해결할 수 없는 문제가 산적해 있다. 동아리 활동 지도를 비롯해 사무작업까지 엄청난 업무량에 쫓기고, 한 학급의 학생 수도 많아서 제대로 된 교육방법을 일일이 추진해갈 여유조차 없다.

하지만 이제 목표가 달라진 이상, 수업도 학생평가기준도 크게 달라질 것이다. 이미 최근의 학교 영어 커리큘럼에서는 문법 지식의 습득보다 '어떤 과제를 달성할 수 있는가?'를 중시하는 **can-do 리스트화**가 추진되고 있다. 이것은 옛날처럼 문법 지식만으로 영어 실력을 평가하는 방침이 사라지고 있음을 보여주는 일례다.

전부터 강조되어왔던 '4기능 중시'의 흐름은 새로운 학습지도요령에서 단번에 가속화될 것이다. 문법 지식만으로 우수한 성적을 낼 수 있었던 것은 이제 옛날이야기가 되었다. 진짜 영어 실력이 있는 아이가 정당하게 평가받는 시대가 도래할 것이다.

머잖은 대학입시에서도 '변화'는 이뤄진다

초등학교 영어와 대학입시 개혁에 관해 이야기했는데, "우리 아이는 이미 고등학생인데 새로운 영어시험 제도와는 관계가 없는 것 아닌가?"라는 부모님을 위해 좀 더 보충설명을 해야겠다.

'언어는 어디까지나 커뮤니케이션의 도구다'라는 것이 SLA에 통용되는 기본 중의 기본인 가치관이다. 즉, 언어습득의 정도를 측정할 때 문법이 정확한가 아닌가는 평가기준의 하나일 뿐이다. 발음이 얼마나 매끄럽고 전달하려는 메시지가 얼마나 명확한가 등을 비롯해, SLA에서는 다양한 측면에서 언어습득 레벨을 평가한다[12].

이때 간과할 수 없는 것은 이런 SLA적인 가치관이 이미 최근의 대학입시에서도 적용되기 시작했다는 사실이다. 특히 대학입시에서는 종합적인 능력을 요구하는 문제들이 도입되었다. 아주 옛날처럼 우리말로의 혹은 영어로의 번역을 통해서 이해력의 깊이를 확인하려는 문제를 더는 찾아볼 수 없다. 대신 영어의 운용 능력, 영어로의 분석 능력을 직접 확인하는 문제가 그 자리를 차지하게 되었다.

예를 들면 도쿄대학의 2017년 전기의 영어시험에서는 이런 문제가 출제되어 화제가 되었다.

> **"당신이 지금 시험을 보고 있는 캠퍼스에 관해 알게 된 사실을 하나 골라, 그에 대해 60~80자의 영어로 설명하시오."**

---

12 Skehan, 1998

이것이 단순히 '영어 실력만'을 묻는 문제가 아니라는 것은 확실하다. 시험장에 오기까지의 관찰력과 역사적 교양, 그것을 논리적으로(그것도 영어로!) 간결한 표현을 이용해 쓰는 힘 등, 그야말로 종합적인 지성을 요구하는 문제다.

"면접시험을 봤는데, JPREP에서 했던 영어토론이 엄청 도움이 됐어요!"

이것은 게이오(慶應)대학 의학부에 우수장학생으로 합격한 학생의 말이다. 지속적으로 영어로 토론하는 트레이닝을 해온 만큼, 모국어로 하는 질의응답쯤이야 식은 죽 먹기처럼 느껴졌을 것은 당연하다면 당연한 일이다.

그 학생이 우리 학원에 처음 온 것은 중3 때였다. 그 무렵이라도 공부법을 바꾸는 타이밍으로는 늦지 않다. 국내 유수의 대학은 물론이고, 종합 능력이 전면적으로 요구되는 외국의 유명대학에 진학하고 싶다면 역시 영어로 교과과목을 배우는 CLIL은 빼놓을 수 없다.

산소가 부족한 고지대를 달리면서 심폐기능을 단련하는 마라토너와 마찬가지로, 외국어로 지적 트레이닝을 축적한 다음에는 모국어로 비슷한 작업을 하는 것이 훨씬 수월해진다.

이것은 나의 개인적 경험을 돌이켜봐도 마찬가지다. 예일대 시절의 박사 논문을 토대로 한 정치경제학에 관한 저서는 닛케이·

경제도서문화상 등 복수의 학술상을 받을 만큼 높게 평가받았다. 이 역시 외국어라는 부담을 안고 사고한 성과를 모국어 환경에서 다시 한번 다듬는 프로세스를 거친 덕분이었다고 생각한다.

오해 12살에는 이미 늦다. 유아기부터 영어교육을!
▼
진실 '임계기'는 가설. 초조해할 필요는 없다

몇 살이 '학습의 한계'일까?

'아이는 언어를 배울 능력을 갖추고 있다'는 이야기의 정반대 되는 경우로, '어느 일정 나이가 지나면 더 이상 바이링궐은 될 수 없다'라고 생각하는 사람도 있는 것 같다.

이른바 **임계기**(Critical Period)라는 사고방식이다. 일정 시기가 지나면 언어 능력의 일부를 습득하기 어려워지는 것은 학술적인 연구성과에서도 확연하게 보여지고 있다[13].

하지만 이것이 과도하게 강조되고 있는 것도 사실이다.

특히 유아 대상의 영어학원에서는, 틀림없이 마케팅 상의 의도도 있겠으나, '더 커서 시작하면 이미 늦다!'라며 **조기교육**을

---

13 DeKeyser, 2000

선동하는 예도 적지 않다.

우선 명심해두어야 할 것은 임계기는 원래 '모국어의 습득'에 관한 가설이라는 사실이다. 요컨대 여기서 상정된 것은 어느 한 언어를 모국어로 하여(원어민 수준으로) 습득할 수 있는 한계이다.

그에 따르면 가령 6~7세까지 그 언어를 접하면 거의 누구든 원어민이 될 수는 있지만, 그 시기가 지나버리면 소리를 알아듣거나 발음을 원어민 수준으로 못하는 사람이 조금씩 나오게 된다. 또 10세 이상이 지나면, 문장을 만드는 능력에서는 원어민이 될 수 없다고 주장하는 연구도 있다. 어느 쪽이든 개인차는 있게 마련이고 어디까지나 '가설'의 영역을 벗어나진 않는다.

일찍부터 친숙해지는 것은 나쁘지 않다

따라서 조기교육 신화는 '모국어'의 습득에 관한 '가설'을 '외국어'의 문맥에서 '절대시'하고 있다는 의미이며, 이는 잘못된 부분이 있다. 영어를 배우는 것은 '빠르면 빠를수록 좋다'고 단정 지을 수 없고, 배우기 시작한 타이밍에 '때늦음'도 있을 수 없다. 실제로 전문가들 세계에서는 '외국어 습득에 대해서는 임계기 가설은 맞지 않는다'고 실증한 연구도 있다[14].

---

14 Mu oz, 2006

일반적으로 알려진 영어의 임계기는 사실 '틀린 것과 마찬가지'인 셈이다.

물론 빨리 시작하는 것에도 의미는 있다. 특히 발음에 있어서, 어릴 때 시작한 학습자가 훨씬 유리하다. '소리에서' 영어를 배워가는 힘, 영어를 '통째'로 받아들이는 능력은 어린아이를 당해낼 수 없다.

그뿐만 아니라 초등학교 저학년 정도까지는 주저 없이 영어의 세계로 뛰어들어 그것을 즐기려고 하므로 모티베이션 또한 충족하기 쉽다.

한편 초등학교 고학년부터 중학생 정도가 되면, 심리적인 장애물들이 나타나게 된다. JPREP 학생들도 보면, KIDS클래스 학생들은 선생님이 질문하기 무섭게 'Yes!' 'Me, me!'라고 일제히 손을 들지만, 초등학교 고학년부터 중학생 클래스에 가면 수줍어하는 아이들이 많다.

친구들 앞에서 파닉스 연습하는 것을 부끄러워하기도 하고, 이성의 눈이 신경 쓰여 좀처럼 발표하려고 하지 않는다. 또 목소리는 왜 그렇게 작아지는지. 학교 수업에서 모국어식 발음에 익숙해지기 시작하면, 본격적인 발음을 부끄러워하게 되어 여간 고생스러운 게 아니다.

하지만 이것은 그 나이 특유의 문제이므로 어쩔 수 없는 부분도 있을 것이다. 나 역시 사춘기 딸을 키우는 아빠로서, 그 부분의 곤란함은 평소 통감하고 있다. 그런 의미에서 어릴 때부터 본격적인 영어에 친숙해지는 것도 나쁘지 않다고, 아니 좋은 면도 있다고 인정하지 않을 수 없다.

최고의 학습법은 '시기'에 따라 달라진다!

"'문법부터 배우지 마라'고 해놓고 '영어집중훈련도 안 된다'고 하면, 좀 모순 아닌가? 결국 어느 쪽이 좋다는 말인지?"

여기까지 읽은 독자라면 이런 의문을 가질 수도 있다. 이 두 가지 원칙이 모순된 것처럼 보이는 것은 단지 여기까지 줄곧 3~18세 아이의 학습을 구분 없이 일괄적으로 언급했기 때문이다.

이미 서술한 대로 SLA의 견해는 어디까지나 제2 언어습득의 '원리'일 뿐이므로, 실제로 지도할 때는 학습자의 나이에 적합한 '어프로치 조정'을 빼놓을 수 없다. 어떤 아이에게건 줄곧 같은 방법만 고집하는 것은 바람직하지 않다.

따라서 앞서 언급한 모순은 **'학습시기'**라는 축을 반영함으로써 해결된다.

한마디로 말하면, 아이가 어릴 때는 문법을 빼고 영어를 통째로 배우는 방법이 보다 효과적이고, 아이가 성장함에 따라 문법 해설을 포함한 개념적인 이해의 유효도를 높여간다는 것이다.

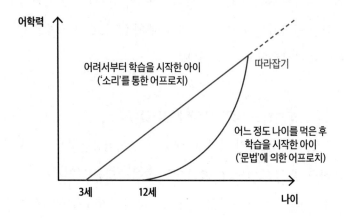

나이에 맞는 어학 학습어프로치

어학력

어려서부터 학습을 시작한 아이
('소리'를 통한 어프로치)

따라잡기

어느 정도 나이를 먹은 후
학습을 시작한 아이
('문법'에 의한 어프로치)

3세   12세

나이

도시가 영어학습에는 유리하다?

임계기라는 '시간적인 한계'에 대한 이야기가 나온 김에 참고로 '공간적인 제약'에 대해서도 이야기해보자. 아이가 자라는 **지리적 조건**에 관한 이야기다.

현재, JPREP는 야마가타현 사카타 시에 분점을 두고 있는데, 그곳에도 많은 학생이 다니고 있다. 하지만 학생의 대부분은 도쿄의 지유가오카 지점이나 시부야 지점에 다니는 도시 아이들이라는 것도 현실이다. 그러다 보니 지방에 거주하시는 분들은 어쩌면 이렇게 생각할지도 모른다.

"이건 지리적으로 혜택을 받는 '도시 아이들의 공부법'이잖아요?"

내가 자란 곳도 사립중학교라곤 하나 없던 산골 시골이었으니, 영어학습의 환경으로 따지면 그다지 혜택받았다고는 할 수 없다. 그러니 이렇게 말하는 심정을 충분히 이해할 수 있다.

하지만 지금이야 영어학습의 지리적 격차는 거의 없다고 보아도 무방하다.

무엇보다 먼저 인터넷이나 IT 디바이스의 보급으로, 학습환경이 압도적으로 개선되었다. 따라서 도시에서만 얻을 수 있는 정보란 거의 있을 수 없고, 온라인의 채팅 서비스를 이용하면, 아무리 산간벽지에서라도 대면수업을 받을 수 있다.

교재도 인터넷서점을 이용하면 간단히 구할 수 있다. 책 한권 사기 위해 전철을 타고 하루 걸려 외출해야 했던 우리 시대와는 완전히 다르다.

'사투리'를 쓸 줄 알면 '영어'에 유리하다?

오히려 나는 지방출신에게도 이점이 있다고 믿는다.

나는 18세 때까지 고향의 '쇼나이 사투리 100%'인 환경에서 자랐다. 지금도 일주일 중 절반은 야마가타에서 지내고 있으므로, 나는 '표준어, 영어, 쇼나이 사투리'라는 3개 국어 환경에서

생활하고 있다고 해도 과언은 아니다. 이렇게 '영어'에 관한 책을 '표준어'를 사용하여 쓰고 있긴 하지만, 진짜 기쁠 때나 슬플 때 혹은 화가 날 때 마음속에서 순간 떠오르는 말은 영어도 표준어도 아닌 '사투리'일 때가 있다.

나의 고향인 사카타 시는 특히 사투리가 심해서, 아내가 처음 우리 집에 왔을 때 할머니께서 무슨 말씀을 하시는지 통 알아듣지 못했을 정도다. 어쨌든 초등학교 5학년 여름방학에 도쿄 친척 집에 놀러 다녀온 후로, 나는 갖은 애를 써서 내 발음을 교정해왔다. 무의식중에 사투리가 나오진 않는지, 그뿐만 아니라 표준어와 쇼나이 사투리는 어디가 어떻게 다른지까지도 어릴 때부터 분석했다.

긴 안목으로 보면, 중학교에서 영어를 본격적으로 배우기 전에 이런 기회를 얻은 것이 의외로 큰 결실을 얻은 것 같다. 두 언어의 차이를 꾸준히 분석함으로써 '문자와 소리의 관계'에 상당히 민감해졌기 때문이다.

영어의 '문자와 소리의 관계'를 배우는 데 있어서는 사투리를 말하는 지방출신자가 더 객관적인 시점을 가질 기회가 많으리라 생각한다. 반대로 '표준어 원어민'인 아이는 모국어의 소리가 어떻게 성립되는가를 의식할 기회가 별로 없으므로, 실제 영어를 가르치면서도 다소 고생스러울 때가 있다.

오해 그래도 바이링궐로 키우고 싶다!

진실 통상의 영어학습으로 '머리 좋은 아이'로 자란다

세계에서 활약하기 위해 바이링궐이 될 필요는 없다

'임계기란 원어민이 될 수 있는 한계시기'일 뿐이라고 설명하면, "그래도 우리 집 아이는 모국어도 영어도 원어민처럼 말하는 바이링궐로 키울 거예요! 그러니까 역시 유치원 때부터 영어를 공부시키고 싶어요."라고 말하는 부모님도 있다.

하지만 여기에도 역시 오해가 있다. 만일 부모님이 아이가 장래에 외국에서 활약하기를 바라는 거라면, '완벽한 바이링궐'로 키울 필요는 없다.

두 개 언어를 완벽하게 구사할 수 있는 것이 곧 '외국에서 활약할 수 있는 인재'의 필요충분조건이냐 하면, 전혀 그렇지 않다. SLA의 **바이링궐 연구**에서는 두 개 언어를 완전히 똑같이 구사할 수 있는 바이링궐(Balanced Bilingualism)은 거의 존재하지 않는다는 인식이 일반적이다. 그리고 두 개의 어학력에 나름대로 차이가 있다고 하더라도 본인이 사회생활에서 곤란할 게 없다면 문제없다는 사고방식도 있다[15].

---

15 Baker, 2011

모노링궐(단일어 구사자)과 바이링궐의 구별은 흑백논리처럼 명료하지 않고 무수한 중간색이 있는 그러데이션이 존재한다. 애당초 '언어를 마스터한다'는 것 자체가 손에 잡히지 않는 애매한 개념이다. 여러분은 우리말을 완벽하게 마스터하였는가?

가령 지금의 내가 한자 쓰기 시험을 본다면 아마도 고등학생에게 질 게 뻔하다. 손으로 필기하는 습관이 없어진 후로 많은 한자를 못 쓰게 되었다. 그렇다고 내가 일본어를 습득하지 못했느냐 하면, 의심할 여지 없이 그렇지 않다.

언어의 습득이란 '여기부터는 습득/여기까지는 미습득'이라고 확연하게 선을 그을 수 있는 것이 아니다.

그렇게 생각하면, 여러분의 바이링궐 이미지도 아주 막연한 이미지에 머물러 있는 것은 아닐까.

물론 억지로 힘들여서 환경을 갖춘다면, 바이링궐 '다운' 능력을 갖춘 아이로 키울 수 있기는 있을 것이다. 하지만 아이 본인과 가족에게 상당한 부담이 될 것이고, 그렇게까지 고생할 만한 이득이 있을지 어떨지, 미리 예단할 수는 없다.

바이링궐이나 멀티링궐은 의도적으로 지향할 문제는 아니고, 여러 가지 우연이 축적되어 '어쩌다 보니 그렇게 된 것뿐'이다 ─ 이것이 내 개인적인 생각이다.

그보다는 복수의 언어 운용능력과 동시에, 중심이 되는 지력을 일정 수준까지 끌어올리는 것이 아이의 장래를 위해 훨씬 더 중요하다고 생각한다.

바이링궐 딸을 둔 아빠로서 느끼는 것

우리 집 두 아이 중 현재 열다섯 살인 큰딸은 열한 살 때까지 미국에서 지내다가 내가 예일대를 그만둔 시점에 일본으로 이주해왔다. 영어 원어민 친구들과는 물론 영어로 말하고 집에서도 일본어 40%, 영어 60% 정도를 사용하는 바이링궐이다.

영어 발음에 있어서는 나보다 훨씬 능숙해서, 지금도 "You always talk to me as if you were giving me a lecture!(아빠의 영어는 항상 강의하는 것 같다니까!)"라며 웃을 때가 많다.

딸아이는 구두로 의사소통을 할 때는 일본어를 쓰지만, 지적인 작업을 할 때는 주로 영어를 쓰는 것 같다. 자신이 의식해서 일본어 능력을 높이려고 한다면 아마 두 언어 모두 같은 수준으로 구사할 수 있게 되겠지만, 그것은 어디까지나 향후 노력의 방향성에 달려있다. 부모로서 그 판단은 본인의 주체성에 맡겨야 한다고 믿는다.

큰애의 어학력을 부러워하는 사람도 있지만, 사실 그렇게 단순한 문제만은 아니다. 언어를 습득한다는 것은 그 문화까지 동시에 익히는 것을 의미한다. 큰애를 보면, 두 문화 사이의 갭에

직면하여 스트레스를 받는 경우도 적지 않은 듯하다.

어쨌든 아이가 어른이 되면, 두 개 언어를 구사할 수 있음에 고마움을 실감할 날은 틀림없이 올 것이다. 나는 그렇게 확신하고 있다. 그렇지만 아이 스스로가 바이링궐이 되겠다고 바라거나 결심한 것은 아니며, 부모로서 우리는 보이지 않는 갈등을 겪는 것도 사실이다.

바이링궐은 어쩌다 나고 자란 환경이 외국이었거나, 본인이나 가족의 노력과 여러 가지 충족된 조건이 있을 때 비로소 될 수 있는 것이다.

그러한 조건이 없다면, 어디까지나 '외국어로서 충분한 수준의 운용능력'을 지향하는 것이 자연스럽다고 믿는다.

왜 바이링궐은 지능이 높을까?

한때는 '바이링궐 환경에서 자란 아이는 일정한 시기 동안 언어 능력 발달이 늦어지는 경향이 있다'는 지적도 있었지만, 오히려 바이링궐 아이는 IQ가 높다는 연구보고도 있다.

사실은 통상의 외국어 학습자에 대해서도 비슷한 이야기가 있다. 이 메커니즘에 대해서는 여러분도 지대한 관심이 있을 것이므로 잠깐 설명하고 넘어가자.

기존의 영어교육을 받은 사람이 영어를 말하지 못하는 것은 이른바 모국어용 OS(기본 소프트웨어)를 사용하면서 영어용 앱을 구사하려고 하기 때문이다. 즉, 이미 뇌내에 있는 '나' '개' '보다'와 같은 정보에 'I' 'see' 'dog'를 대응시켜 기억하고, 영문을 구성할 때의 규칙(즉 문법)을 지식으로써 입력하려고 한다.

"그게 보통 아닌가?"

그렇다면 이런 학습만 해온 사람이 영어를 말하려고 할 때 어떤 일이 벌어질까?

가령 "나의 개를 보았습니까?"라고 영어로 말하고 싶다. 어떻게 할 것인가?

① 먼저 '나의 개를 보았습니까?'라는 우리말 문형을 생각한다
② 우리말 문형에 포함된 어휘를 영어단어로 바꾼다
③ 영문법에 기초하여 어순과 시제 등을 정리한다
④ 완성된 영문을 소리 내어 말한다

짐짓 복잡하게 쓰긴 했지만, 요컨대 우리말을 영어로 **번역할 때의 프로세스**다. 기존의 학교 영어나 수험영어로 단련된 것은 역시 번역 능력뿐이다.

어쨌든 이렇게 하는 것은 시간이 너무 많이 걸리므로, 실제 대화에서는 아무 도움이 되지 않는다. 또 우리말 지식에 영어의 지

식을 '대응'시킬 뿐이므로, 시간이 흐름과 동시에 영단어나 영문법에 대한 기억이 희미해지면, **학습성과는 머릿속에서 깨끗하게 지워져 버린다.**

이것이 바로 '6년간 죽어라 공부했는데 영어 한마디 못 하다니!'라고 탄식하는 사람의 두뇌에서 벌어지고 있는 일이다.

'2개 언어 번역'이 아니라 '두 두뇌의 전환'

한편 SLA의 이론이 생각하는 어학습득의 프로세스는 '모국어 두뇌'와는 별개로 처음부터 '또 하나의 두뇌 회로'를 만드는 것을 지향한다고 설명하면 이해하기 쉬울 것 같다. PC에 대한 지식이 좀 있는 사람이라면, '하드디스크 안에 별개의 가상드라이브를 구축하는 것과 같다'고 말하면 상상하기 쉬울 것이다.

그럴 경우, 'dog'라는 단어는 '개'를 나타내는 영단어로 모국어 두뇌 안에 저장되는 것이 아니라, 별개의 두뇌 회로에 'dog' 그대로 저장된다. 그때 연결되는 것은 'dog'라는 소리, 귀엽게 꼬리치는 네 발 달린 동물의 영상 이미지, 그에 부수되는 별개의 영단어이다.

그리고 영어를 구사할 줄 아는 사람은 두뇌의 활동을 영어두뇌로 '전환'한다. '영어두뇌'인 채로 영어를 듣고, '영어두뇌'인 채로 생각하고, '영어두뇌'인 채로 영어를 말한다. 우리말 두뇌의 서랍을 열어 일일이 대응되는 단어를 찾아 번역하거나 하지 않는다.

영어두뇌만으로 모든 것을 소화하기 때문에 '번역'의 프로세스가 없고, 덕분에 모국어와 같은 정도의 민첩한 대응이 가능하다.

두 개 두뇌의 크기가 거의 비슷한 것이 바이링궐, 모국어 두뇌가 더 크면 제2 언어로 습득한 사람 — 둘의 차이는 이렇게 구분된다.

단, 엄밀히 따지면 실제 외국어 습득과정에서 모국어의 영향이 전혀 없다고는 말할 수 없다. 두 두뇌의 사용분리는 서서히 진행된다. 또 심리언어학 분야에서 바이링궐은 항상 어느 쪽 언어를 사용할까를 선택한다[16]거나, 그들의 언어 프로세스에는 두 언어의 기억이 관계한다는 지적[17]도 있다.

그 때문에 '머릿속에 공존하는 두 개의 두뇌를 자유자재로 전환한다'는 것은 어디까지나 언어습득을 적절하게 이미지화하기 위한 모델에 지나지 않는다는 점은 주의할 필요가 있다.

그러나 같은 연습을 하더라도, 이 같은 이미지가 있느냐 없느냐에 따라 학습에서 느끼는 부담은 크게 달라진다.

---

16 Bialystok, 2009
17 Kormos, 2006

언어습득의 이미지

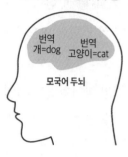

모국어 두뇌 : 종래의 수험

번역
개=dog
번역
고양이=cat

모국어 두뇌

모국어 두뇌에 영어의 지식을
대응시켜 번역한다.

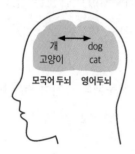

모국어 두뇌 ↔ 영어두뇌 (전환)

개   dog
고양이   cat

모국어 두뇌   영어두뇌

두 개 언어의 두뇌를 구축하고,
장면에 따라 '전환'이 이뤄진다.

'동시통역사'의 흉내로는 영어 실력이 향상되지 않는다

'바이링궐' 혹은 '영어가 유창한 사람' 하면, 동시통역사를 떠올리는 사람이 있다. 하지만 이것은 일반적인 제2 언어습득과는 전혀 다른 것이다. 그들은 영어를 영어로 듣고 그것을 아주 빠른 속도로 우리말 두뇌로 옮겨 바꾸는 작업을 한다.

두 개의 두뇌를 고속으로 스위칭하는 데는 막대한 에너지가 필요하므로, 국제회의 같은 큰 무대에서 활약하는 프로 중의 프로인 동시통역사라도, 일정 시간 간격으로 교대하면서 두 명 이상이 함께 일하는 것이 보통이다.

나도 연구자 시절에는 정치학의 전문서를 번역하기도 하고, 일본인 학자나 정치가의 통역을 맡기도 했었다. 그 경험에 비춰볼 때, 이것은 영어회화와 밀접한 관계를 갖긴 하지만, 역시 별개의 독자적 기능에 해당한다. 따라서 통역사나 번역가로서의 실력을 쌓기 위해서는 전혀 다른 트레이닝이 필요하다.

만일 그런 경우가 아니라면, 어느 한쪽 두뇌를 번갈아 가며 사용하는 방법으로 충분하다. 사용하지 않는 단어는 잊게 되겠지만, 일단 영어두뇌를 만들어두면 당분간 영어를 사용하지 않더라도 공부한 성과가 제로로 돌아가지는 않는다.

'영어를 배워 국어점수를 높이는' 메커니즘

그렇다면 모국어 두뇌와 영어두뇌는 완전히 독립된 서로 무관한 존재일까?

그럴 리 없다. 두 종류의 언어 두뇌가 구축되면, 두 두뇌를 관망하는 '제3의 두뇌'가 활동을 개시한다.

우리가 평소에 모국어를 사용할 때는 문법 규칙이나 발음 등을 신경 쓰지 않고, 설령 그 규칙을 설명하지 못하더라도 사용하는 데는 지장이 없다.

역학적인 설명은 할 수 없지만, 보조바퀴 없이도 자전거를 탈 수 있는 것과 마찬가지다. 이 같은 지식의 존재를 **암시적 지식**

(Implicit Knowledge)이라고 말한다.

한편 적절한 방법으로 외국어를 습득한 아이들은 두 개 언어를 비교하면서 양쪽의 구문 규칙, 어휘, 발음, 문자 체계의 공통점과 차이점을 자각하게 된다.

그 결과 모국어에 대해서도 개념적으로 이해할 수 있게 된다.

'우리가 어떤 규칙을 토대로 하여 언어를 주고받았는가?'에 대해서도 **명시적 지식**(Explicit Knowledge)을 얻을 기회가 생긴다.

이처럼 사용언어를 객관적으로 분석하는 능력을 언어학 세계에서는 **메타언어인식**(Metalinguistic Awareness)이라고 부른다. 외국어를 배우는 프로세스가 메타언어인식을 향상시킨다는 연구 결과가 있는데, 이는 분석적인 사고 능력과도 상통하므로 학문적 성공에도 도움이 된다는 보고가 있다[18].

이 책 서두에서 말했던 '학생에게 영어를 가르치면, 먼저 국어 성적이 올라간다'는 이야기를 기억할 것이다. 이상의 논리에 입각하면, 영어를 올바르게 배우면 학생의 모국어, 즉 국어에도 파급효과가 생기는 것은 이치에 맞는 이야기다.

실제로 외국어를 제대로 배워 또 하나의 언어 두뇌를 만든 사람일수록, 모국어를 더 잘 이해한다. '무슨 소리! 영어보다 모국

---

18 Bialystok, 2001

어가 중요하지!'라는 의견은 지당한 말이지만, 그렇게 주장하는 사람치고 영어를 제대로 말할 줄 아는 사람은 좀처럼 보지 못했다.

과연 모국어밖에 모르는 사람이 모국어의 독자성을 얼마나 깊이 있게 알고 있을까? 다른 언어를 알았을 때 비로소 모국어의 '아름다움'과 '깊이'를 깨닫게 된다는 점은 무시할 수 없으리라.

영어학습이 '논리력 향상'의 지름길

언어습득 자체는 지극히 신체적이고 직감적인 요소(암시적 지식)를 내포하고 있다. 프로야구선수는 '배트의 이곳에 맞게 해서 왼쪽으로 받아쳐야지!'라는 따위의 생각은 하지 않는다. 그리고 일류 피아니스트는 '이 순서대로 손가락을 움직여야지!'라고 생각할 틈도 없이 손가락을 움직인다. 말을 구사하는 능력에는 스포츠나 음악의 기능과 아주 유사한 측면이 있다.

단지, 외국어 학습의 성과는 '모국어 이해의 깊이'로 피드백된다는 점이 결정적으로 다르다. 영어를 배움으로써 그때까지 몰랐던 모국어의 규칙을 알게 되고, 문장이나 생각을 보다 논리적으로 파악하는 힘이 생긴다. 물론 인풋만이 아니라 쓰기나 말하기의 아웃풋에도 선순환은 이어진다.

이야말로 '영어로 머리가 좋아지는 메커니즘'이다.

적절한 외국어 학습은, 곧 모국어가 갖는 암묵적 논리를 발견하는 경험으로 이어진다. 그러므로 논리적 사고력을 높이고 싶다면, 먼저 외국어를 배우는 것도 좋은 방법이다. 여기서 단련된 지력은 '학교 공부'의 틀을 뛰어넘어 평생에 걸쳐 도움이 된다.

가설을 세우고 학문적 탐구를 추진할 때, 비즈니스상의 과제를 해결할 때, 생활상의 문제들과 직면했을 때…… <u>모든 국면에서 최강의 무기가 되어주는 것은 언어를 올바르게 사용하고 논리적으로 사고하고 적확한 언어로 표현하는 힘이다.</u>

이러한 능력이 바로 비원어민인 아이가 영어를 배우는 '최대의 장점'이다. 만일 그렇다면 막대한 비용을 치르면서까지 아이를 바이링궐로 키울 필요는 없다고 생각하지 않는가?

오해 나는 늦었어. 일단 아이의 영어 실력을!
진실 아이는 부모의 '배우는 자세'를 보고 있다

부모의 영어 능력도 '아이 영어'로 UP!

PART 1에서 하고 싶었던 이야기는 대부분 다 말한 것 같다. 나머지는 PART 2의 내용을 어디까지 실천할 수 있는지만 남아있다. 그때 모티베이션 재료로 삼길 바라는 마음에서, 곧잘 있는 오

해를 한 가지만 더 소개하자.

여러 번 말했듯이, 인간이 언어를 습득하기 위한 최고의 방법에 대해서는 어느 정도 '답'이 나와 있다. 이 책의 방법들은 아이들 대상으로 구성되긴 했지만, 베이스에는 SLA 연구에서 최대공약수적으로 확인된 원리와 원칙이다.

단, 언어학습에서는 개인차가 크기 때문에, 모티베이션 유지와 환경 만들기를 비롯해 보호자가 완수해야 할 역할이 제법 많은 것도 사실이다.

그럼에도 불구하고 학원에 오는 부모님 중에는 "아이가 영어를 마스터하길 바라지만, 나는 영어를 전혀 못 해서……." "난 이미 늦었어요!"라고 말하는 분들도 있다.

아이를 학원에 보내주는 것은 정말 고마운 일이지만, 요컨대 자신은 영어를 완전히 포기했다는 얘기라서 나는 내심 안타까울 따름이다.

영어학습에 때늦음이란 있을 수 없다. '배우고 싶다'고 느끼는 순간이 영어를 시작할 최고의 타이밍이다. 어른이라도 지금부터 영어를 시작하면 충분히 할 수 있다!

물론 바쁜 일상 속에서 새로운 뭔가를 시작한다는 것이 결코 쉬운 일은 아니다. 그런 분들에게 앞으로 영어를 공부할 '아이'의 존재는 아주 소중하다. 그들은 여러분 자신이 영어를 다시 한

번 시작할 '절호의 기회'를 부여해주기 때문이다.

책상과 마주하고 앉아 혼자서 '공부'하는 것은 외로운 작업이다. 하지만 예컨대 '아이와 함께' 영어를 공부한다면 한결 가벼운 마음으로 시작할 수 있을 것이다.

가르치려 말고 '학우'가 되자

그렇다고 부모님이 영어를 '가르칠' 필요는 없다. 오래된 교육상식을 꺼내 들고, 어깨너머로 틀린 걸 지적하는 것은 절대 금물! 같이 영어를 배우는 '학우'로서 아이와 이인삼각이 되어 함께 달리는 것으로 충분하다.

특히 미취학이나 초등학교 정도의 아이라면, 함께 파닉스를 연습하거나 영어로 애니메이션을 보거나 노래를 부르거나 그림책을 읽어주거나 가끔은 게임을 해도 좋다. 함께 할 수 있는 것은 수없이 많다.

아들이 유치원에 다닐 때, 우리 부자는 항상 이런 놀이를 했다.

- Hey Dad, I spy with my little eye,
- something that beings with B!
  (있잖아요 아빠, 'B'로 시작하는 것을 찾았어요. 뭘까~요?)

첫머리 글자만 힌트로 주고, 출제자가 '슬쩍 훔쳐보는 물건'을 맞추는 게임이다. 보통은 내가 출제자였는데, 언제부턴가 아들은 'spy with one's little eye(슬쩍 훔쳐보다)'라는 문장을 마스터해서 나한테 문제를 내기 시작했다.

- (나) Hmmmm, is it a bird? (bird니?)
- (아들) No, it's NOT a bird. Can't you see it? (땡! 틀렸어요. 모르겠어요?)

내가 답을 말하지 못하고 있으면 아들은 큼직한 나무를 가리키며 "It's a bottle! There is a bottle on that tree.(bottle이에요. 저 나무 위에 bottle이 있죠?)"라고 말했다. 아이가 가리키는 곳을 보니, 누가 버렸는지 과연 페트병이 나뭇가지에 걸려있었다. 아이는 평소 어른이 보지 못하는 것을 곧잘 보곤 한다.

아이가 사춘기에 접어들면 아이와의 대화가 절대 만만치 않은 만큼, 지나치게 공부에 개입하는 것은 피하는 것이 좋다. 아이가 성장함에 따라 부모의 역할은 '동행'에서 '환경정비'로 바뀌게 되는데, 그때까지는 꼭 '학우'로서 함께한다는 마음가짐을 갖기 바란다.

아이는 '부모의 공부하는 모습'을 보고 있다

사실 아이는 부모님이 진지하게 뭔가를 배우는 모습을 눈여겨보고 있다. '진지하게 해라' '더 열심히 해라'라고 입이 아프게 말하기보다는, 부모 자신이 배우는 모습을 보여주는 편이 훨씬 효과적일 때가 있다.

아이 입장이 돼서 생각해보라. '이미 늦었다'는 핑계로 자신은 공부를 완전히 포기하면서 아이에게 일방적으로 공부하라고 강요한다면, 아이라고 기분이 좋을 리 없다. "같이 열심히 해볼까?"라고 말해주는 부모의 존재는 그 무엇과도 바꿀 수 없는 응원이 된다.

SLA 세계에는 어학습득의 모티베이션을 유지하면서 효율적으로 학습하기 위한 방책, 즉 **학습전략**(Learning Strategy)에 관한 연구가 많다. 그중 하나로 **사회전략**(Social Strategy)이 있다. 혼자 공부하기보다는 사회적 연대 안에서 함께 공부하는 사람이 있으면 어학습득에 성공하기 쉽다는 견해다[19].

이것은 아이를 위해서만이 아니다. 어른이 혼자 공부하는 경우, 걸핏하면 '오늘은 좀 귀찮은데 공부는 담에 하지 뭐!' '일 때문에 피곤하고 잠도 오고, 에이 오늘은 패스!' 하기 십상이지만,

---

19 Oxford, 1990

아이와 함께하면 열심히 하게 된다는 부모님이 의외로 많다. 어학은 꾸준히 하는 것이 관건이다. 아이가 꾸준히 공부할 수 있도록 최적의 '전략'을 세워보길 바란다.

또 만일 여러분의 아이가 아직 어리고 지금부터 그 아이와 함께 영어를 시작한다면, 아이가 중고등학생이 됐을 때쯤에는 틀림없이 여러분의 영어 실력을 앞질러 있을 것이다. 그럴 때는 아이를 마음껏 칭찬하라.

함께 영어를 절차탁마해온 동지이자 라이벌이기도 한 부모님에게 인정받는 것만큼 큰 기쁨도 없으리라! 그 성취감은 영어를 공부하고, 영어를 통해 지성을 쌓아가는 데 있어서 한 단계 업그레이드된 원동력이 되어줄 것이다.

자, PART 1은 여기에서 끝!
PART 2에서는 액티비티와 교재를 한가득 소개할 것이다.

CHAPTER 05 ——————— 입학전

'영어를 좋아하는 아이'로 키우는 최고의 환경 만들기

CHAPTER 06 ——————— 초등학교

'영어에 자신감이 있는 아이'가 되는 최고의 생활습관

CHAPTER 07 ——————— 중·고등학교

'영어로 생각하는 힘'을 키우는 최고의 서포트

PART 2

실천편

결국 '무엇부터' '어떤 순서'가 베스트?

영어에는 나이별로 적절한 학습법이 있다.

이것은 SLA(제2 언어습득) 연구에서도 최대공약수적으로 확인된 내용으로, 가정에서 아이와 영어를 공부할 때도 아이의 발달단계에 맞춰 방법을 조정해갈 필요가 있다.

나이에 맞는 영어학습을 고려할 때 반드시 떠올려야 할 것은 **읽기, 듣기, 말하기, 쓰기 4기능**이다.

이 책의 학습법은 영어로 '읽기 능력' '듣기 능력' '말하기 능력' '쓰기 능력'을 향상시킴으로써 지성을 연마하는 것을 목표로 삼고 있다. 그런데 이들 4기능을 '동시에, 균등하게' 발달시키면 되느냐 하면, 그렇지는 않다.

'4기능 중 무엇에 중점을 두어야 하는지?' '어느 것과 세트로 묶어야 효율적으로 향상될지?'는 아이의 발달단계에 따라 미묘하게 달라지기 때문이다.

그럼 어떻게 하면 좋을까? 바로 이것을 정리한 것이 〈아이 영어 로드맵〉이다.

PART 2에서는 이 로드맵을 근거로 하여 이야기를 진행해나갈 것이다.

'초등 3학년에 CEFR B1 수준'도 꿈은 아냐

〈아이 영어 로드맵〉을 본 순간 부모님은 대개 두 가지 반응을 보인다.

① "어머나, 우리 아이는 늦은 게 아닐까?" (초조형)
② "어떡해, 우리 애는 이미 늦었네……."(포기형)

일반적인 것이 '이 로드맵에 비춰보면 우리 아이는 상당히 뒤처졌다'라고 걱정하는 경우다.

"아직 우리말도 잘 읽고 쓸 줄 모르고 시험다운 시험을 본 적도 없는데, 영어테스트라니……, 우리 애한테 절대 무리야!"

결코 이렇게 비관할 일이 아니다. 아이에게 맞는 방법으로 제대로 배운다면, 초등학교 저학년이 중학교 초급 정도 수준에 도

달하는 것은 충분히 가능하다. JPREP의 KIDS클래스 학생 중에는 초등학교 3학년에 CEFR B1 수준의 점수를 취득한 아이가 여러 명 있다(그렇다고 영어테스트를 강요하진 않으니 걱정은 NO! 어학 시험에 대해서는 다시 언급하겠다).

내 아이의 '기능 특성'을 알고 있는가?

각각의 4기능이 어떻게 발달해가는지는 아이에 따라 제각각 다르다는 사실을 명심해야 한다. 예컨대 '듣는 귀의 발달' 정도는 파닉스의 습득 속도를 좌우하므로, 피아노학원에서 음악적인 감성을 키워온 아이는 발음의 터득이 빠른 경향을 보인다.

'문자'로 차분히 공부하는 걸 잘하는 아이, Picture Dictionary를 '영상기억'으로 흡수하는 아이, 좋아하는 것이 돌파구가 되는 아이 등등 실로 다양하다.

아이에 따라 능력 특성이 각자 다른 이상, 아무리 노력해도 못하는 장르도 있게 마련이다. 그만큼 4기능이 같은 속도로 발달하지는 않는다. 아이의 특성을 파악하면서 느긋하게 지켜봐 주는 자세가 필요하다.

로드맵대로 진척이 안 된다고 초조해할 필요는 전혀 없다.

나이는 어디까지나 '기준'이 될 뿐이다.

바꿔말하면 아이가 잘하는 분야에 있어서는 나이 기준을 무시하고 앞으로 속도감 있게 나가도 된다는 말이다.

아이 영어 로드맵

STAGE		1	2	3	4
성장	나이	3~4	4~5	5~6	6~8
	특징	말로자신을표현 할수있게되는 시기	신체능력이성장 하는시기	문자에흥미를갖 는시기	배우기위한기초를 갖는시기
시험	CEFR				
	TOEFL				
목적 수단	습득 능력	영어가 재미있다 고느끼는힘	말에 소리가 있음 을아는힘	상징으로서의 문 자를이해하는힘	문자별 소리를 이해 하는힘
	어프 로치	Activity Based Approach	Phonemic Awareness	Literacy Based Approach	Balanced Literacy Approach
LISTENING		영어소리에 친숙 해진다.	알파벳 각각의 소 리를 듣고 구분하 게된다.	알파벳의 문자와 소리의 대응 관계 를 인식한다.	문자와 소리의 관계 성을 이해하고, 음 소분석을할수있게 된다.
READING				대문자, 소문자의 인식. 문자는 단어 를 만들고, 단어는 문장을 만든다는 것을 이해한다.	파닉스 지식에 기초 한음소분석으로, 미 지의 단어와 문장도 음독할 수 있게 된 다.
			파닉스기초의스토리작품을다독		
WRITING			문자에 대해 흥미 를 가지고 운지연 습으로 소근육 기 술을익힌다.	필사를 통해 대문 자, 소문자를 포함 한 알파벳을 쓸 수 있다.	필사와 빈칸 채우기 등을통해품사의역 할과 문장성립에 대 해이해한다.
SPEAKING		소리를 흉내 내어 영단어를 발성한 다.	각각의 문자가 갖 는 소리를 발음할 수있다.	읽어준 영어 이야 기에 대해 어른과 이야기한다.	자신이 읽은 영어 이 야기에 대해 어른과 이야기한다.
모국어로의이해		불필요(영어를 영어인 채로 이해한다)			

5	6	7	8
8~10	10~12	12~15	15~18
자기와 타인의 차이를 알게 되는 시기	각자의 관심사를 알게 되는 시기	언어능력이 완성되는 시기	하고 싶은 일을 찾기 시작하는 시기 (자아의 완성)
A1	A2	B1	B2
TOEFL Primary Step 1	TOEFL Primary Step 2	TOEFL Junior	TOEFL iBT
자신을 전달하는 힘	질문을 던지는 힘	기초적인 영문법의 힘	학술적 내용을 이해하고 자신의 의견을 표현하는 힘
Content Based Approach		Grammar Based Approach	Content and Language Integrated Learning (CLIL)
관심 있는 영상콘텐츠를 영어로 즐긴다.	초등 고학년 대상의 드라마 등을 영어로 시청한다.	교육적인 영상콘텐츠를 영어로 시청한다.	아카데믹한 영상콘텐츠나 뉴스를 영어로 시청한다.
파닉스 지식에 의한 읽기를 통해, 아카데믹한 단어를 습득한다.	아카데믹한 기사를 읽음으로써, 영어로 왜 그런지에 대해 생각할 기회를 갖는다.	모국어로의 이해력도 사용하면서 다양한 문장을 독해하는 기회를 갖는다.	읽고 싶은 작품을 스스로 골라서 영어로 이해하게 된다.
과학 교재 기초의 아카데믹한 기사		시, 전기, 단편, 신화 등	문학, 관심분야
순서 바꾸기 문제 등을 통해, 'I'로 시작하는 문장이나 평서문을 완성시킬 수 있다.	문법 지식에 기초한 의문문을 만들 수 있다. 교재나 관심사에 대해 단문을 만들 수 있다.	모국어에 기초하여 영문법의 지식을 완성시키고, 단락 만들기를 배운다.	아카데믹한 쓰기의 기초력을 완성시킨다.
질문을 이해하고 단어로 대답할 수 있다. 자신이 좋아하는 것, 바라는 것에 대해 말할 수 있다.	질문을 이해하고 문장으로 대답할 수 있다. 자신이 묻고 싶은 것을 질문할 수 있다.	자신과 지인을 소개할 수 있다. 아카데믹한 것에 대해 자신의 의견을 말할 수 있다.	자신이 좋아하는 것이나 경험을 표현하게 된다. 아카데믹한 것에 대해 쌍방향적인 토론이 가능하다.
		필요(모국어 설명으로 세부를 이해하고 납득한다)	불필요해진다

일원화된 교실 교육에서는 이 같은 선행학습이 어려울지 모른다. '가르치지 않은 문법이 포함된 교재'는 나눠줄 수 없고, 다들 이해할 때까지는 다음 단원으로 넘어갈 수 없는 것이 대원칙이다. 학생 수는 많고 예산은 제한적이다 보니, 선생님이 아무리 고심하고 노력해도 한계가 있게 마련이다.

진척 속도를 자유롭게 조정할 수 있다는 것은 가정에서의 영어학습이 갖는 강점이다.

도중에 시작해도 따라잡는 것은 간단

로드맵에 대한 또 한 가지 반응은 "우리 애는 이미 늦었어요!"라고 포기하는 패턴이다. 사실 로드맵이 3세에서 시작하고 있으니, 가령 중학교에 다니는 14세 아이의 엄마가 낙담하는 것은 무리도 아니다.

하지만 포기할 필요는 없다. 임계기 가설에서도 말했듯이 영어학습에 때늦음이란 없다. "초등학교 고학년에 시작하면 늦을까요?" "고등학생인데 이미 늦었겠죠?"와 같은 걱정도 불필요하다.

아이의 영어학습은 몇 살부터 시작하든 따라잡을 수 있다(물론 어른도 할 수 있다!). 나이가 들수록 논리적인 사고력이 발달하므로, 어린 아이가 몇 년에 걸쳐 이해하는 것을 단기간에 이해할 수 있다. 그런 지름길 방안에 대해서도 살펴볼 테니 안심하시라!

만인을 위한 원리를 '내 아이 전용'으로 최적화하기

어떤 과학, 어떤 학문이든 경합하는 가설 중에서 타당성이 낮은 것을 배제하고, 일반적으로 성립되는 법칙성을 검출하는 데 주력한다.

이것은 SLA 연구에서도 예외가 아니다. 즉, 언어습득 과학으로 알 수 있는 것은 누구에게나 공통되는 기본원리에 지나지 않는다[1].

뒤집어 생각하면, SLA의 원리를 개인차원에서 실천에 옮기려고 할 때는 반드시 나름의 방안을 모색해야 한다는 것이다.

교실이라는 공간에서 아이들을 가르치고 있는 우리도, 학생의 반응을 보면서 방법을 조정할 여유가 없으면 제대로 된 지도를 할 수 없다. 아이들에게 스스로 공부하는 자세를 갖게 하기 위해서는 한 사람 한 사람의 개성이나 관심사를 알아내어 그것을 교육에 적용하는 장인적인 창의연구가 요구된다.

그래서 앞에서 언급한 시기의 조정과 더불어 또 하나 중요한 것이 **학습콘텐츠의 조정**이다.

---

1   Richards & Rogers, 2001 ; Celce-Murcia et al.,2015

아이의 학습에 대해서는 다음의 두 가지가 핵심이다.

① 아이의 수준에 맞는 콘텐츠인가?
② 아이의 '흥미, 관심'에 맞는 콘텐츠인가?

예를 들어 SLA에서는 '소리의 대량 인풋'이 반드시 필요하다고 보는데, 이때 그 콘텐츠가 애당초 학습자가 이해할 수 없는 것이라면 의미가 없다. 두서없는 내용을 아무리 많이 '흘려들어도' 전혀 도움이 안 된다.

이 **이해 가능한 인풋 가설**(Comprehensible Input Hypothesis)은 SLA 이론의 원류가 되는 사고방식이기도 하다[2].

반대로 학년이 높아진 아이에게 언제까지나 유아용 교재를 주는 것도 적절하지 않다. 아이에게 지나치게 쉽거나 **흥미와 관심**도 없는 영문으로는 모티베이션 유지에도 마이너스 영향을 미친다[3].

그렇다고 '너무 어렵지 않으면서 간단하지 않고'의 기준을 모색하면서, 부모님이 최상의 교재를 기초지식 없이 고르기에는 그 허들이 너무 높다.

그럴 때 참고하도록 교재, 서적, WEB사이트, DVD, 애플리케

---

2   Krashen, 1982
3   村野井, 2006

이션 등의 콘텐츠를 각각의 학습 단계별로 다수 게재해두었다.

부디 최적의 학습콘텐츠를 선택해서, '만인에게 베스트인 학습법'을 '내 아이에게 베스트인 학습법'으로 최적화할 수 있기를 바란다.

Chapter 05 | # '영어를 좋아하는 아이'로
키우는 최고의 환경 만들기

무심결에 '영어 공부하자'고 말하지 않는가?

드디어 본격적인 방법을 이야기할 차례다. 우선 초기국면에서 중요한 것은 아이가 영어에 친숙함을 느끼고 아주 자연스럽게 영어세계로 빠져들 수 있도록 준비하는 것이다.

특히 3~6세의 아이에게는 '놀이'가 바로 최대의 배움터. '영어 싫어!'라고 하는 아이가 되지 않도록 배려하여, '영어는 즐거워!'라는 **이미지**와 '나, 영어 할 줄 아는 아이야!'라는 **자신감**을 갖도록 하자.

아이가 영어를 좋아하게 하고 싶을 때는 다음의 세 가지를 반드시 명심해야 한다.

① '공부'라고 말하지 않는다/생각하지 않는다

② 일일이 우리말로 옮기지 않는다

③ '소리와 영상'을 중심으로 한다

먼저, 영어를 놀이로 자리매김시킬 것.

부모 세대에게는 이것이 의외로 가장 어려운 일일지 모른다. 자기도 모르게 "자, 오늘도 영어공부 해야지?"라고 말하진 않는 가? '영어=교과목'이라는 부모의 잠재적 인식이 아이에게 전염 되지 않도록 주의하자.

또 아이가 틀리더라도 '정답/오답'의 프레임으로 판단하지 말 아야 한다. 잘했을 때는 칭찬이라기보다 그저 "우와!"라고 놀라 워하면 아이는 무척 기뻐한다.

'apple은 사과'라고 가르치면 왜 안 될까?

주의해야 할 두 번째는 설명을 위해 우리말로 일일이 간섭하 지 않는 것이다.

"아침인사는 '굿모닝', 안녕은 '헬로우'야."라는 식의 가르침 은 그야말로 번역식 방법에 치우친 학교 영어의 방식 그대로다. 물론 'dog는 개' 'cat은 고양이'라는 설명으로 충분한 경우도 있 지만, 원칙적으로는 '영어를 영어인 채로 이해하게 한다'는 기본을 잊어선 안 된다.

그 결과, "엄마, 기린하고 'giraffe'는 같은 건가 봐!"라고 아이가 스스로 터득하는 것이 이상적이다. 이런 발견프로세스를 통해 아이의 두뇌는 점점 좋아지기 때문이다.

마지막으로 '소리와 영상'.

공부 이미지를 버리지 못한 부모일수록 아이와 영어를 시작하려고 할 때 문자로 쓰인 책이나 교재부터 사들인다.

이미 확인했듯이 제2 언어습득에서는 '문자부터가 아닌 소리부터' '부품(문법, 단어)부터가 아니라 상황(영상, 그림)부터'가 원칙이다.

영어로 '놀면서' 좋아하게 되다
— Activity Based Approach (3-4세)

'좋아해!'가 기본이 되는 학습은 세 살부터가 좋다

아이는 만 2세쯤 되면 말을 하기 시작한다. 빠르면 만 1세 무렵부터 말을 할 줄 아는 아이도 있고, 아직 말은 못 하더라도 어른들의 대화를 듣고 무슨 얘기를 하는지 의외로 잘 알아듣는 아이도 있다.

그 시기가 지나면 점점 단어를 기억하게 되어 엄마를 보면 '엄마', 배가 고프면 '맘마', 자동차를 보면 '붕붕'이라는 식으로 눈으로 본 것들의 이름을 입 밖으로 소리 내어 말하게 된다.

"어차피 영어를 배워야 한다면, 모국어를 말하기 시작하는 타이밍에 영어도 같이 가르치면 안 될까요?"

이렇게 묻고 싶은 부모님도 있을 것이다. 실제로 아이를 유아 대상의 영어학원에 보내는 사람들도 있다. 아니, 요즘에는 임신 중에 영어를 들려주는 태교영어가 있을 정도로 조기교육 붐은 점점 가속화되고 있다.

임신 중이나 만 0~2세 단계에서의 영어교육에 대해서는 여기에서 옳고 그름을 논하고 싶은 생각은 없다. 다만, 나는 그렇게까지 조기교육이 필요하다고 단언할 자신은 없다.

그리고 '아이 영어 로드맵'이 3세부터 시작되고 있는 데에는 그만한 이유가 있다. 딱 그맘때부터 아이에게도 조금씩 **싫고 좋고를 분간하는 마음**이 싹트기 때문이다.

분별력이 생기는 것은 만 3세를 더 지나서겠지만, 이 단계에서 아이는 비교적 단호하게 자신의 기호를 표현하게 된다. 기차 생각이 가득한 아이, 동물에 관심이 많은 아이, 몸을 움직이는 것을 좋아하는 아이, 소꿉놀이를 잘하는 아이 등 – 아이마다 각자 다른 흥미와 관심이 어렴풋하게나마 보이기 시작한다.

같은 이야기지만, 이때 가장 중요한 것은 '영어'라고 하면 '좋아 좋아!' '재미있어!'라는 감각을 갖게 하는 것이다. 그러기 위해서 '영어를 좋아하게 되는 계기'가 형성된 이후부터 본격적으로 영어를 공부하는 편이 효과 면에서 효율적이다. 이 점을 고려하면, 2세는 영어를 시작하기에 조금 이르다는 것이 내 생각이다.

'몰입력'은 평생의 자산

아이가 좋아하는 것이 분명하면, 그것과 영어를 접목하여 배울 수도 있다. 〈꼬마 기관차 토마스와 친구들〉을 좋아하면 DVD의 음성을 가끔 영어로 바꿔서 보여주어도 좋을 것이다. 생물을 좋아하는 아이에게는 동물이나 곤충 등이 나오는 영어책을 읽어주는 것도 좋은 방법이다.

아이의 '기호'에는 무한한 힘이 숨겨져 있다. 누가 강요하지 않아도 깜짝 놀랄 정도의 집중력으로 TV화면을 뚫어지게 보는가 하면, 그림책을 통째로 암기하는 아이도 곧잘 있다.

어쨌든 이 시기에는 아이의 '기호'를 중심으로 한다는 것을 기억하자.

뭔가에 몰입하는 힘은 평생의 자산이다. 아이가 '기호'를 최대한 추구할 수 있도록 하는 것이 가장 중요하다. 이때 영어는 부수적인 것 정도로 보아도 충분하다.

포인트 1　TPR로 '온몸'으로 친해지기

일단 이 시기에는 '영어를 공부하지 않는 것'이 핵심이며, 그 중심은 **액티비티를 토대로 한 어프로치**(Activity Based Approach)이다. 요컨대 아이 자신이 스스로 참가할 수 있는 액티비티를 준비하고, 그 안에서 영어를 체득할 수 있도록 하는 것이다.

TPR(Total Physical Response 전신반응교수법)은 액티비티를 기초로 한 어프로치의 한 방법이다. 이는 1960년대에 미국의 심리학자인 제임스 애셔에 의해 제창된 고전적인 지도법으로[4], JPREP는

4　Asher, 1966

물론이고 다수의 어린이 영어학원에서도 이미 도입하고 있다.

방법은 아주 간단하다. 영어로 지시한 것을 아이가 동작으로 나타내는 활동을 반복하기만 하면 된다. 이 방법에는 세 가지 이점이 있다.

① 기본적인 동작을 표현하는 '동사'를 기억에 정착시킬 수 있다
② 친구나 형제 등 '집단'으로 하면 떠들썩 신나게 놀 수 있다
③ '게임'이라는 특성이 있으므로 차분하지 못한 아이도 지속할 수 있다

어디까지나 한 가지 사례이긴 하지만, 집에서나 공원에서 이런 놀이를 할 수도 있을 것이다. 지시할 때는 시범 동작을 몸으로 보여주거나 관련된 제스처를 해 보여도 좋다.

◆ **이런 지시를 해보세요!**
- Stand up.   (일어서, 두 손을 들어 올리면서)
- Walk.   (걸어, 자기도 걸으면서)
- Walk slowly.   (천천히 걸어, 천천히 걷는 시늉)
- Stop.   (멈춰, 두 손바닥을 내민다)
- Run.   (달려, 팔을 흔들며 달리는 시늉)
- Run fast.   (빨리 달려, 팔을 빨리 흔들면서 달리는 시늉)
- Run faster.   (더 빨리 뛰어, 팔을 훨씬 더 빨리)
- Let's sit down.   (앉자, 앉는다. 차분하게 하고 싶을 때는 천천히)

음악을 사용하면 훨씬 효과적이다. '음악을 튼다 → 음악을 갑자기 끈다 → (지시) → 음악을 튼다', 이런 식으로 하면 음악이 멈추는 순간, 아이들은 지시에 귀를 더 잘 기울이게 된다. 이 방법은 미국의 유치원에서도 **Stop and Go!** 라는 이름으로 잘 알려진 액티비티 중 하나다.

아이들이 익숙해질 때까지는 어른이 "Sit down!"이라고 말하고 직접 앉는 동작을 해 보이도록 하자. 그런 다음 아이에게도 같은 동작을 시킴으로써 '아, sit down은 앉는 거구나!'라고 깨닫게 된다.

모국어로 다시 알려줄 필요는 없다. 영어를 영어 자체로 이해하는 것이 중요하다. 또 어른만 지시하는 게 아니라 아이도 지시할 수 있도록 기회를 주는 것도 좋은 방법이다.

포인트 2 영어로 '말 걸기'를!

어학은 결국 '노출되는 시간'이 결정짓는다고 말한다. 그만큼 미취학 아동이라면 부모와 아이가 함께하는 시간을 활용하지 않을 수 없다. 영어를 공부하는 시간을 따로 설정해둘 것이 아니라, 매일 다를 것 없는 일상 속에 영어를 도입하도록 하자. 이른바 활동(액티비티)을 토대로 하는 어프로치다.

가장 간단한 것은, 「Good morning/Good night/Thank you!」와 같이 아이와 나누는 인사다. 그 외에도 아래와 같은 영어를 일상생활에서 말해보는 것도 좋다.

◆ **칭찬하는 말**
- Great job!　　　　　　　　　　　　　(아주 잘했어!)
- I am proud of you.　　　　　　　　　(훌륭하구나!)
- I can tell you have tried hard.　　(고생했어.)
- You found a good way to do it.　 (좋은 방법을 찾아냈구나.)

◆ **생각을 유도하는 말**(you를 강조하여 말해보자)
- Look! What is that?　　　　　　　　(저거 봐! 뭐지?)
- What do you think?　　　　　　　　 (어떻게 생각해?)
- What do you like?　　　　　　　　　(뭐가 좋아?)
- How many are there? Let's count.　(몇 개 있어? 세어보자.)

◆ **짧은 노래를 이용해 말걸기**(어떤 멜로디라도 OK)
- Clean up, clean up! Everybody everywhere!
  (다 같이 여기저기 정리해!)
- See you later alligator! After a while crocodile!
  (또 만나! 나중에 봐!)
- If you are happy and you know it <clap your hands*>
  (네가 행복하다고 생각하면 <박수를 쳐!>)

※　<clap your hands*>안을 예컨대 <go to bed> <let's sit down>과 같이 아이가 했으면 하는 동작으로 바꿔서 노래하면 좋다.

그 밖에도 아이에게 요리나 청소를 도와달라고 할 때 간단한 영어를 섞어 말하면, 그것만으로도 영어에 대한 관심을 높일 수 있다. 다시 한번 말하지만, 이때도 모국어로 의미를 설명할 필요는 없다.

나는 한때, 이제 갓 말을 배우기 시작한 아들과 외출할 때면 "What's that?"이라고 곧잘 묻고는 했다. 아들은 "It's a tree!" "Train!" 등 아는 단어는 신이 나서 대답하고, 단어를 모를 때는 "It's a cucumber. Cu-cum-ber!"라는 식으로 내가 가르쳐주었다.

우리말로도 "이건 뭘까~요?"라고 아이에게 질문하는 놀이를 한다. 정말 별것 아닌 것 같지만 인간은 이런 놀이를 통해 말을 배우게 되므로, 영어에서도 같은 방법을 사용해보자.

포인트 3 ‘아빠 엄마 목소리’로 책 읽어주기

만 3세 정도가 지나면 아이는 **책 읽어주는 소리**를 좋아하게 된다. 이 시기에는 스토리의 재미보다는 그림의 친숙함이나 색채의 풍부함, 그리고 재미있는 소리와 문구의 반복 등이 아이의 마음에 울림을 준다고 한다.

유소아기에 책 읽어주는 소리를 들은 경험이 장기적으로 볼 때 아이의 글을 읽고 쓰는 능력을 좌우한다는 것은 오랜 연구에서도 명백히 밝혀진 바 있다. 그렇지만 조바심은 금물. 우리말 그림책이 됐든 영어 그림책이 됐든 가능한 한 많이 읽어주자. 그렇게 해서 책 읽는 즐거움을 아이가 알고 좋아할 수 있도록 감각을 키워주는 것이 중요하다. 이때 부모님도 즐기면서 영어를 복습한다는 각오면 충분하다.

영어 그림책은 온라인 서점에서 구입하면 쉽긴 하겠지만, 큰 서점의 영어 그림책 코너에 아이와 함께 가서 고르는 것을 추천한다. 혹은 공공도서관에 가면, 어린이를 위한 외국어 그림책 코너가 따로 마련되어 있기도 하다.

책을 고를 때는 부모님의 의견을 일방적으로 강요하기보다 아이가 좋아하는 책을 우선시하자. 처음부터 굳이 영어공부 책을 고집할 것이 아니라, 시각적 정보만으로 즐길 수 있는 것을 고르는 편이 아이도 저항감 없이 책의 세계로 빠져들 수 있다.

다만 지나치게 캐릭터 중심의 그림책에 치중될 때는 한 권은 일단 아이가 좋아하는 것으로 하고 다른 한 권은 부모와 아이의 의견이 일치하는 한 권으로 정하는 것이 균형적이라 생각한다.

그림책 낭독은 부모에게도 인생을 돌아보거나 미래에 대한 용기를 얻을 수 있는 좋은 기회가 된다. 내가 큰딸에게 그림책을 읽어주었던 시기가 마침 중의원 선거에서 낙선하여 미국으로 돌아갔을 무렵이다. 당시에는 그림책을 사줄 경제적 여유도 없었으므로, 지역서점의 아동서 코너에 아이 손을 잡고 찾아가 샘플로 진열된 책을 매번 두 권씩 읽어준 적도 있었다.

지금이야 나의 부족한 발음이 딸아이의 웃음거리가 되기도 하지만, 고교생이 된 딸애는 영어를 잘하는 것은 물론이고 독서도 엄청 좋아한다.

그러니 여러분도 "내 서툰 발음으로 아이에게 책을 읽어줘도 될까?"라고 걱정할 필요는 없다. 중요한 것은 아이는 부모의 목소리에 가장 편안함을 느낀다는 사실이다. 꼭 훌륭한 발음이 아니어도 좋으니 부모님이 직접 읽어주자. 그래도 도저히 자신이 없다면, 책 내용이 녹음된 CD가 부록으로 딸린 그림책을 구입하는 방법도 있다.

개인적인 경험에 비춰볼 때, 이 시기의 아이가 좋아할 대표적인 그림책들을 소개하면 다음과 같다.

📖 **Chica Chica Boom Boom (Bill Martin Jr. & John Archambault/Beach Lane Books)**
Book
리듬을 타며 책도 읽고 알파벳도 외울 수 있는 그림책. 작가 빌 마틴의 출세작. '26개의 알파벳 문자가 야자나무를 오른다'는 재미있는 이야기다.

📖 **Brown Bear, Brown Bear, What do you see? (Bill Martin Jr. & Eric Carle/Henry Holt Books)**
Book

이 책을 비롯한 에릭 칼의 그림책은 모두 강추! 사실 그의 그림책에는 한 권 한 권에 문법학습의 테마가 숨겨져 있다(이 책은 SVOC). 이 책은 빌 마틴과의 콜라보 작품으로, 소리의 울림과 음운을 음미하면서 리듬을 따라 읽을 수 있는 텍스트가 매력이다. 「반짝반짝 작은 별」의 멜로디에 맞춰 "Brown Bear, Brown Bear, What do you see?"라고 노래해보자. 『White Bear』『Panda Bear』『Baby Bear』등의 속편도 함께 읽어주면 좋다.

📖 Book The Very Hungry Caterpillar (Eric Carle/Philomel Books)

에릭 칼의 대표작. 숨겨진 문법 테마는 '과거형'. 일요일 아침에 태어난 배고픈 애벌레가 이윽고 번데기가 되고 마지막에는 아름다운 나비로 변신하는 이야기다. 애벌레가 먹고 지나간 자리에는 구멍이 뚫려있는 재미있는 구성의 그림책이다.

📖 Book Go Away, Big Green Monster! (Ed Emberley/LB Kids)

녹색을 띤 괴물의 얼굴 부분이 "Go away!"라는 주문과 함께 하나씩 사라진다. 아이와 함께 "Go away!"라고 말하면서 그림책을 읽어보자.

📖 Book Green Eggs and Ham Book & CD (Dr. Seuss/Random House)

녹색 달걀이 과연 있을까? 타이틀을 본 순간부터 두근두근 설레는 작품이다. 부록 CD는 파닉스의 정착을 위해 사용하면 좋다. 등록된 어휘가 50종류로 제한되어 있고, 영어의 부정문과 의문문 패턴을 자연스럽게 익히는 데에도 유익하다.

📖 Book The Cat in the Hat Book & CD (Dr. Seuss/Random House)

미국에서 'The Cat'이라고 하면 누구나가 단번에 떠올릴 정도로 유명한 '모자 쓴 고양이'의 그림책이다. 부록 CD 버전을 추천한다. 내 딸도 어렸을 때는 이 책을 여러 차례 읽어달라고 졸랐던 기억이 있다. 사용어휘는

225개 단어로 제한되어 있다. 아이가 리드미컬하게 읽을 수 있도록 문장이 짜여 있다.

📖 **Frog and Toad Are Friends Book & CD** (Arnold Lobel/ HarperCollins)
Book

너무 잘 알려진 『개구리와 두꺼비』 이야기 시리즈. 국내에서도 번역 출판되었다. 파닉스 중급 정도의 표현으로 이야기가 구성되어 있어, 읽어주는 사람의 발음 연습에도 많은 도움이 된다.

포인트 4 게임으로 영어에 푹 빠지기

'영어를 싫어하지 않고 자연스럽게 친숙해지는 방법'을 생각할 때, 가장 간단한 것은 <u>아이가 좋아할 텔레비전 프로그램이나 애니메이션, 게임 등을 영어와 접목시키는 것이다.</u> 영어를 모국어로 하는 아이들도, 가족이나 친구들뿐만 아니라 자기가 좋아하는 캐릭터를 찾아 거기에서 언어를 폭풍 흡수해 간다. 그런 만큼 다양한 콘텐츠를 접하게 하면서 아이가 좋아하는 것을 찾아가도록 하자.

영상은 DVD뿐만 아니라 다양한 사이트의 풍부한 동영상 콘텐츠를 활용하자. 사이트 중에는 퀄리티가 높은 영화를 무료공개하는 곳도 있다.

요점은 <u>아이만 보게 해서는 안 된다는 것이다.</u> 영화는 반드시 부모와 함께 시청한다. 다 본 후에는 등장인물의 대사를 따라 하기도 하고, 작품 속에 나온 노래를 함께 불러보기도 하자.

또 태블릿이나 마우스를 조작할 줄 아는 아이라면, **브라우저 상에서 움직이는 게임**도 추천한다. 이들 게임은 아이도 액션을 해야 하므로 보다 깊은 수준의 학습효과를 기대할 수 있다.

⊕ Web SUPER WHY! (PBS KIDS)

http://pbskids.org/superwhy/
미국의 비영리 공공방송 네트워크(PBS)의 사이트.
『원숭이 조지』나 『기관차 토머스』와 같은 무료게임도 잘 만들어져 있다. 다만, <Videos>의 동영상은 아쉽게도 미국 외 다른 나라에서는 액세스가 제한되어 있어 국내에서는 시청할 수 없다. 『SUPER WHY!』는 『신데렐라』『잭과 콩나무』와 같은 이야기 속에서 발생하는 문제를, 4인조인 주인공들이 Word Power(파닉스)를 이용해 해결해 나가는 이야기다. 같은 시리즈의 DVD나 책도 있으니 함께 이용하면 좋다.

⊕ Web Dinosaur Train (PBS KIDS)

http://pbskids.org/dinosaurtrain/
마찬가지 PBS KIDS의 콘텐츠. 어쩌다 프테라노돈 일가에서 태어난 T렉스인 '버디'가 진정한 자신을 찾아가는 이야기다. 공룡을 좋아하는 아이라면 모든 이름을 영어로 금방 기억하게 된다. 이것 역시 DVD와 책이 잘 갖춰져 있다.

⊕ Web Dora the Explorer (Nickelodeon)

http://www.nickjr.tv/dora-explorer/
어린이 엔터테인먼트 기업인 <니콜로데온>이 운영하는 사이트. 『스펀지

밥』등 콘텐츠가 다양하다.

『Dora the Explorer』는 히스패닉계 이민자를 위한 학습프로그램으로, 영어를 모국어로 하지 않는 아이를 위해 만들어졌기 때문에 영어학습 콘텐츠로는 최적인 영상을 시청할 수 있다.

⊚ DVD Blue's Clues (Nickelodeon)

강아지 블루가 가리키는 단서(clue)를 토대로, 블루가 원하는 것을 맞추는 콘텐츠다. 'pillow/blanket/book' 등의 단서에서 'nap(낮잠)'을 유추해내는 프로세스를 통해, 다양한 기본단어를 착실하게 외울 수 있다. 그림책도 인기.

⊕ Web The Magic School Bus (Scholastic)

https://www.scholastic.com/magicschoolbus/

프리즐 선생님과 아이들이 신기한 스쿨버스를 타고 태양계에서 인체 속까지, 여러 곳을 탐험하며 배우는 시리즈. WEB에서는 게임도 즐길 수 있고, 그림책과 DVD도 있다.

⊕ Web SESAME STREET (Sesame Workshop)

http://www.sesamestreet.org/

말 안 해도 너무 잘 아는 『세사미 스트리트』의 웹사이트다. <Videos>를 클릭하면 부모 세대에겐 추억이 가득한 동영상을 무료로 시청할 수 있다. 그 외에도 캐릭터와 놀이를 할 수 있는 <Games>와 화면상에 그림을 그릴 수 있는 <Art>라는 콘텐츠도 준비되어 있다.

⊚ DVD Harold and The Purple Crayon (Scholastic)

스테디셀러 아동서의 DVD 시리즈. 그리기만 하면 무엇이든 실물이 되는 커다란 보라색 크레용을 가진 헤럴드가 모험이 가득한 세계로 들어가는 이야기다. 상상력의 훌륭함을 가르쳐주는 작품으로 책도 강추!

영어가 '신경 쓰이는 귀'
— Phonemic Awareness (4-5세)

안 듣는 것 같지만 잘 듣고 있어!

이 시기는 신체 능력이 부쩍 발달하는 시기다. 안정적으로 달
릴 줄 알게 되고, 자전거를 탈 줄 아는 아이도 있다. 공놀이나 체
조를 잘하는 아이도 있다.

이런 신체 능력의 향상은 '귀'의 기능 면에서도 마찬가지다. 여
러 가지 소리를 구분해 들을 수 있게 된다. 그래서 음악학원에 따
라서는 '4세가 시작하기 적절한 시기'라고 보는 곳도 있다.

소리에 대해 민감해지면, 엄마 아빠의 사소한 한마디도 섬
세하게 받아들이게 된다. 별 뜻 없이 그냥 지나가듯 한 소리에,
"왜?" "어떻게?"라며 집요하게 물어오는 통에 혼났다는 부모님
도 적지 않을 것이다. 그런가 하면 혼자 줄곧 노래하거나 중얼거
리는 아이도 있는데, 그것은 소리에 대한 감수성이 높아졌다는
증거라 볼 수 있다.

영어학습에 있어서도 이런 발달단계에 적합한 방법, 구체적으
로는 **파닉스**를 시작해야 한다. 앞에서도 언급했듯이, 파닉스란
26개의 알파벳이 갖는 '대표적인 소리'를 기억하는 연습이다.

'입의 움직임'을 보여주는 영상이 Good!

그렇지만 이때도 공부모드는 금물. '모든 소리를 기억해야 해!'라기보다는 '영어는 분명 우리말과는 다른 소리를 가지고 있다'라는 정도를 깨닫게 하는 것을 목표로 삼자.

언어 하나하나가 갖는 소리를 자각적으로 구별하기 시작하는 것을 **음운인식**(Phonemic Awareness)이라고 한다.

문자를 하루아침에 읽게 될 수는 없다. 특히 영어는 문자와 소리의 대응 관계가 애매해서, 원어민 아이도 습득하는 데 시간이 걸린다. 하물며 외국어로 영어를 배우는 비원어민이라면, 쉽지 않은 게 당연하다면 당연한 얘기다.

포인트는 종이책으로 배울 게 아니라 동영상 교재를 사용할 것. 소리뿐만 아니라 '입 모양 영상'이 들어있는 것이 이상적이다.

아기가 말을 배울 때는 '귀로 듣는 엄마의 목소리'와 '눈으로 보는 엄마의 입 모양'을 동시에 지각한다. 올바른 소리를 내기 위해서는 입을 올바르게 움직이는 방법을 마스터해 두는 것이 바람직하다.

어느 연구에 따르면, 아이가 말을 배울 때는 실제 인간을 흉내 내면서 습득하는 것이 단위시간 당 학습효율이 높다고 한다. 그렇다고 엄마 아빠가 늘 아이 곁에 붙어 있을 수도 없고, 행여 아이가 지루해하거나 싫어하면 본전도 못 찾게 된다.

리듬에 맞춰 애니메이션이 신나게 움직이는 파닉스 교재를 효과적으로 이용하면서 부모님도 함께 연습한다. 이때 아이의 반응을 보면서 콘텐츠를 골라야 한다는 사실을 잊지 말자.

포인트 1 파닉스를 체험해보자

원어민 중에도 아이에게 파닉스 훈련을 시키는 사람은 드물지 않다. 덕분에 시판하는 파닉스 교재는 의외로 다양하다. 그렇지만 직접 파닉스를 해본 적이 없는 사람은 무턱대고 아이용 교재를 살 것이 아니라 먼저 부모님이 직접 체험해볼 것을 추천한다.

대부분의 파닉스 교재는 음악이나 리듬에 맞춰 '그 문자의 대표적인 소리+그 소리를 사용한 단어'를 발음하는 것이 일반적이다. 모범이 되는 음성에 이어서 학습자도 그 소리를 따라서 발음한다. 듣기만 하면 안 된다. 반드시 들리는 발음을 소리 내어 따라 하도록 하자.

- (모범) A, A, Apple!　(학습자) A, A, Apple!
- (모범) B, B, Ball!　(학습자) B, B, Ball!
- (모범) C, C, Cat!　(학습자) C, C, Cat!

들리는 소리를 그대로 재현하는 것은 아이가 더 잘할지 모른다. 리듬을 타면서 엄마와 아이가 함께 도전해보자.

포인트 2 　동영상을 보면서 따라 하기

시험 삼아 **YouTube**에서 'Phonics'라고 검색해보자. 상당히 많은 파닉스 동영상이 검색될 것이다. 우선은 그것들을 사용하여 아이와 함께 연습해도 좋다.

예를 들어 상위에 랭크된 〈Phonics Song(KidsTV123)〉은 이 책을 집필하던 시점에서 시청회수가 1억 9천 회, 〈Phonics Song 2〉는 4억 9천 회를 기록하였다. 크게 유행했던 〈PPAP(피코타로)〉조차도 1억 2천 회인 것을 보면, 세계의 부모들이 얼마나 아이의 파닉스에 관심이 많은지 잘 알 수 있다.

그 외에 파닉스용 교재 몇 가지를 소개하니, 마음에 드는 시리즈를 골라 사용해보기를 바란다.

📖 **Hooked on Phonics Learn to Read** (Hooded on Phonics)
Book

미국에서 가장 유명한 파닉스 교재 시리즈다. 레벨은 1~8까지, 각각 DVD와 10권 정도의 그림책으로 구성. 스토리에 나오는 단어를 미리 소개하고, '아이가 스스로 읽을 수 있게 한다'는 콘셉트로 만들어졌다.
파닉스 초심자는 『Pre-K Complete』(원어민 3~4세용)부터 시작하자. 아이가 이 레벨을 즐겁게 끝내면 그대로 『Kindergarten』, 『1st Grade』로 단계를 높여가면 된다.

📖 **Oxford Reading Tree-Floppy's Phonics (Oxford**
University Press)
Book

영국의 초등학교에서 '국어' 교과서로 사용되고 있는 스테디셀러의 콘
텐츠다. 몇 가지 시리즈가 있는데, 파닉스가 처음인 사람은 『Floppy's
Phonics』(6단계 레벨로 구성)의 <1+>부터 시작하는 것이 좋다.

📖 **Jolly Phonics (Jolly Learning Ltd.)**
Book

철자에 연연하지 않고 50음부터 종합적인 파닉스를 배울 수 있는 시리
즈. 문자마다 갖는 소리에 액션을 접목시켜 외우는 것이 특징이다. 노
래와 워크북 등 여러 가지 시리즈 교재가 있지만, 우선은 음성이 추가된
'Song Book(Jolly Songs)'부터 시작하자.

포인트 3 '영어가 눈에 쏙 들어오는 방'을 만들자

'먼저 소리부터 시작해서, 문자와 소리를 연결짓는 수단'으로
파닉스를 추천하였다. 실제로 파닉스 동영상은 알파벳과 단어를
병행하여 표현하는 것이 대부분이다.

아이 중에는 문자정보에 민감한 아이도 있으므로, 어느새 그
들 문자를 영상적으로 기억하는 경우가 있다. "엄마, 큰 P자 간
판이 있어요!"라거나 "저기 CAT이라고 쓰여 있다!"라고 문자를
읽어 부모님을 깜짝 놀라게 할지도 모른다.

이 단계에서는 문자를 통해 배우는 데 주력할 필요는 없지만,
파닉스가 조금씩 정착되기 시작하면, 서서히 알파벳과 단어에

익숙해지는 것도 좋다.

예컨대, 방 안에 알파벳이나 영단어 **포스터**를 붙여두면 효과적이다. 물에 젖어도 안전한 욕실용 포스터도 있으니, 화장실 벽에 붙여도 좋다. 비교적 좁은 욕실에서는 목소리가 울리므로, 아이도 발음 연습을 하면서 재미있어한다.

아이가 좋아하는 디자인의 포스터라면 좋겠지만, 가능하면 <u>우리말 표기가 없는 것으로 고르도록 하자</u>. 기껏 파닉스로 소리를 알아가기 시작했는데, 우리말 표기로 아이를 혼란스럽게 해서는 안 되기 때문이다.

문자에 익숙해지면, 아이는 눈에 들어오는 문자를 어렴풋이 읽을 수 있게 된다. <u>견출지 등을 사용해 주변 사물들에 영단어 스펠링을 붙여보자</u>.

JPREP KIDS클래스에서도, 예를 들면 수도꼭지에 'faucet'이라는 이름표를 붙여두었다. 무슨 일에서든 지나치는 건 금물이지만, 아이가 주변 사물과 영단어를 서서히 연결짓도록 하는 환경을 만들어주는 것도 부모님이 할 수 있는 일 중 한 가지다.

포인트 4 　근육운동과 접목하여 상승효과를!

이 나이 또래에는 신체 능력이 부쩍 발달한다는 이야기를 했

는데, 그중에서도 크레용으로 동그라미를 그리거나 가위로 종이를 오리거나 혹은 찰흙으로 뭔가를 만드는 등 소근육을 이용하는 동작을 할 수 있게 된다.

이런 **소근육 운동 발달**과 영어학습을 연결시켜 상승효과를 내는 것도 효과적이다. 크레용으로 그림을 그릴 때 'Red' 'Blue' 등의 색깔을 영어로 말해주는 것도 좋다.

그밖에 다음과 같은 방법도 있다.

🍎 **iTrace-handwriting for kids** (iTrace Inc.)
App
http://itunes.apple.com/kr/app/id583678381
문자를 따라 쓰면서 손글씨 쓰기 연습을 할 수 있는 애플리케이션이다. 쓰는 순서가 틀리면 빨간색이 되어 고쳐 쓰도록 알려준다.

🍎 **Writing Wizard for Kids** (L'Escapadou)
App
http://itunes.apple.com/kr/app/id631446426
직선이나 곡선 등 문자를 쓰기 이전의 스킬부터 필기체에 이르기까지, 난이도를 조정해가면서 연습할 수 있는 손글씨 트레이닝 애플리케이션이다. 문자 'A'의 경우, 사과 그림이 튀어나오는 등 화면에도 흥미를 위한 장치들이 마련되어 있다.

📖 **Before I Write** (Lauel L. Arndt/Random House)
Book
연필을 잡을 줄은 아는데 아직 글씨를 못 쓰는 아이 전용의 운필연습장이다. 직선이나 곡선 혹은 원을 그리는 연습에서 출발해 마지막은 알파벳으로 끝나게 되어 있다.

영어에도 '문자'가 있음을 깨닫다

— Literacy Based Approach (5-6세)

소리에 '문자'로 윤곽을 알려주는 시기

초등학교 입학을 앞둔 이 시기가 되면, 우리말 커뮤니케이션 은 일단 할 줄 알게 된다.

어른이 깜짝 놀랄만한 기억력을 발휘하는 아이도 있다. 남자 아이의 경우에는 역이름이나 곤충, 공룡 이름을 줄줄 외는가 하 면, 여자아이 중에는 애니메이션의 캐릭터를 흉내 내는 등 성장 을 실감하게 하는 장면들이 부쩍 많아진다.

소리에 의한 배움을 주축으로 하는 것에는 변함이 없지만, 문 자에 관한 관심이 급증하는 이 무렵부터 '읽기'와 '쓰기' 기능에 도 서서히 주목할 필요가 있다. 이를 **읽고 쓰기 능력에 기초한 어프로치**(Literacy Based Approach)라고 부른다.

문자를 기억함으로써 이제까지 소리와 그림만으로 보았던 세 계를 조금씩 다른 방법으로 보게 된다. 눈앞의 사과는 [æpl]이라 는 소리와 빨갛고 동그란 과일의 영상만이 아니라, 'apple'이라 는 기호(문자)로도 나타낸다는 사실을 알게 된다.

어디까지나 '도형'처럼 즐기자

이때 글씨를 쓰는 순서, 즉 필순도 물론이지만 예쁘게 쓰려고 애쓸 필요는 없다. 미취학 아동 중에는 필압이 불안정한 아이도 많아서, 아직 생각대로 선을 긋지 못하는 경우가 있기 때문이다. 운동기능의 발달 정도를 보면서 차분하게 배우도록 하는 것을 대원칙으로 삼자.

그리고 그림 그리기 연장선에 있다는 생각으로 알파벳과 단어 쓰기를 즐길 수 있는 분위기를 만들어 주자.

뒤에 몇 가지 교재를 소개하고 있지만, 뜬금없이 '공부'한다는 느낌을 주기보다는 우선 백지에 크레용으로 큼지막하게 문자를 써보는 것에서부터 시작하자.

'예외의 소리'를 배우고, 파닉스를 보강하자

한편 파닉스 연습은 여러 가지 콘텐츠를 바꿔가면서 꾸준히 계속해야 한다. 어디까지나 어학 학습은 '소리의 인풋/아웃풋'이 메인이다.

파닉스에 익숙해진 원어민 아이들은 반드시 'Sight Words'라고 불리는 단어를 배운다. 이것은 파닉스 규칙에서 제외된 '예외의 발음을 하는 단어'의 그룹이라고 생각하면 된다.

일상회화나 문장에서는 빈번하게 나오는 기본단어지만, 발음

규칙에 들어맞지 않는 것도 많이 내포되어 있다. 시각(Sight)으로 소리를 통째로 암기할 수밖에 없는 단어라는 의미에서, 'Sight Words'라고 부른다.

파닉스를 마스터한 뒤 Sight Words의 읽기를 학습하면, 어린이용 콘텐츠에 등장하는 영단어는 대부분 커버할 수 있다. 초등학교 입학 전에 여기까지 할 줄 알게 되면, 다음은 아이 스스로 공부하는 것이 훨씬 수월해진다.

포인트 1 Sight Words는 놀면서 배우자

'이것이다!'라고 정해진 것은 없지만, 영어권에서는 Dolch Words와 Fry Words 두 가지 Sight Words가 유명하다.

원어민 아이라면, 유치원부터 초등학교 저학년 정도에 Dolch Words를 마스터하는 것이 첫 번째 기준이다.

Dolch Words는 에드워드 돌치 박사(Edward William Dolch)가 개발했으며 95개의 명사와 5단계 레벨(Pre-primer/Primer/First/Second/Third)의 220개 단어로 구성되어 있다. 기본적으로 이 단어들은 통으로 암기하는 수밖에 없지만, 다음과 같은 게임을 이용하면 즐기면서 외울 수 있다.

Sight Words(Dolch Words)

※ Pre-primer에서 Third까지(명사는 제외)

pre-primer	yellow	soon	know	gave	draw
a	you	that	let	goes	drink
and		there	live	green	eight
away	**Primer**	they	may	its	fall
big	all	this	of	made	far
blue	am	too	old	many	full
can	are	under	once	off	got
come	at	want	open	or	grow
down	ate	was	over	pull	hold
find	be	well	put	read	hot
for	black	sent	round	right	hurt
funny	brown	what	some	sing	if
go	but	white	stop	sit	keep
help	came	who	take	sleep	kind
here	did	will	thank	tell	laugh
I	do	with	them	their	light
in	eat	yes	then	these	long
is	four		think	those	much
it	get	**First**	walk	upon	myself
jump	good	after	were	us	never
little	have	again	when	use	only
look	he	an		very	own
make	into	any	**Second**	wash	pick
me	like	as	always	which	seven
my	must	ask	around	why	shall
not	new	by	because	wish	show
one	no	could	been	work	six
play	now	every	before	would	small
red	on	fly	best	write	start
run	our	from	both	your	ten
said	out	give	buy		today
see	please	going	call	**Third**	together
the	pretty	had	cold	about	try
three	ran	has	does	better	warm
to	ride	her	don't	bring	
two	saw	him	fast	carry	
up	say	his	first	clean	
we	she	how	five	cut	
where	so	just	found	done	

Pop for Sight Words Game (Learning Resources)

상자에서 꺼낸 카드의 단어를 읽을 수 있으면 카드를 획득한다. 마지막에는 획득한 카드가 가장 많은 사람이 승자다. Sight Words의 발음을 외우기 위한 가장 적합한 방법으로, JPREP에서도 인기 만점의 게임이다.

포인트 2　대문자와 소문자가 있다는 사실을 이해한다

'쓰기'와 '읽기' 두 기능을 훈련할 때의 포인트는 문자를 문자로서 배우는 것이 아니라, 문자의 도형적인 면을 즐기도록 한다는 것이다.

"M을 뒤집으면 W가 돼!" "S랑 숫자 5는 닮았어!"라고, 아이가 재미있는 발상을 하면 그에 맞장구를 쳐주고 마음껏 칭찬해주자.

"아니야, 잘 봐, 여기가 다르잖니?"라고 서둘러 틀린 것을 지적하기보다는 "진짜 그러네! 재미있는 사실을 발견했구나!!"라고 놀라워하는 부모 밑에서 아이의 지성은 무럭무럭 자란다.

이 단계에서는 다음의 교재를 사용하면서 대문자와 소문자를 마스터하게 하는 것을 목표로 하자. "A랑 a는 문자의 모양은 다르지만, 파닉스 상의 소리는 같아!"라고 깨닫는 상태가 이상적이다.

미리 "알파벳에는 대문자랑 소문자가 있는데……."라고 가르쳐줄 것이 아니라 아이가 자발적으로 깨달을 수 있도록 유도하는 것이 중요하다.

⊕ Sesame Street (YouTube)
Web

http://www.youtube.com/user/SesameStreet/

『세사미 스트리트』의 YouTube 공식 채널이다. ABC송의 최신 버전인 「Sing the Alphabet Song!」은 저마다의 알파벳이 화면에 크게 표시되므로 문자인식의 트레이닝에도 최고이다. 「African Animal Alphabet」은 각각의 알파벳으로 시작하는 아프리카 동물에 대한 ABC송이다. 귀에 익숙하지 않은 아프리카 동물들의 이름을 알파벳 문자와 함께 배울 수 있다.

📖 Dr. Seuss's ABC (Dr. Seuss/Random House)
Book

알파벳 각각의 문자로 시작하는 기상천외한 짧은 시를 즐길 수 있는 책이다.

📖 Eating the Alphabet (Lois Ehlert/Houghton Mifflin Harcourt)
Book

알파벳 각각의 문자로 시작하는 음식이 그려져 있다.

📖 ABC's Write & Wipe! (Kumon Publishing North America)
Book

미국 아이들도 사용하는 구몬식 시리즈다. 「Uppercase Letters(대문자용)」과 「Lowercase Letters(소문자용)」 두 가지가 있다. 몇 번이고 썼다 지울 수 있는 펜이 달려있어 반복연습에 그만이다.

🍎 Endless Alphabet (Originator Inc.)
App

http://itunes.apple.com/kr/app/id591626572

퍼즐처럼 알파벳 문자를 맞추면서 단어를 완성시키는 게임 애플리케이션이다. 문자를 터치하면 파닉스 음도 가르쳐주므로, 문자와 소리의 조합을 학습할 때 좋다.

파닉스는 음 단위, 단어 단위의 다소 단조로운 연습이 중심이 되므로, 아이도 슬슬 따분해할 수 있다. 나이가 많아지면 스토리가 있는 콘텐츠를 좋아하게 된다. 그럴 때는 글이나 문장의 발음도 함께 시도해보자.

먼저 아이가 좋아하는 그림책의 한 문장을 읽어준 후 따라서 발음하도록 시킨다. 부모님이 발음에 자신이 없을 때는 CD가 같이 있는 교재를 사서 아이와 함께 연습하도록 하자.

단문이나 스토리를 접하게 되면, 아이의 귀는 한층 더 발달하게 된다. 가령 "He eats an apple."이라는 단문의 음성에는 이른바 3인칭 단수의 's'가 붙거나, 모음으로 시작하는 명사 앞에서 부정관사가 'an'이 되는 등의 규칙이 포함되어 있다. 또 'eats-an'이나 'an-apple'처럼, 영어 독자의 소리가 연결되는 방법(연음)에 대해서도 자연스럽게 익히게 된다.

이들의 법칙성에 대해 부모님이 설명해줄 필요는 없고, 아이가 이해할 필요도 없다. 오히려 그 울림을 '통째'로 여러 번 접함으로써 암시적인 지식으로 정착시키도록 하자.

실제로 어린 원어민 아이들은 자신들이 'an apple' 'a ball'이라고 말할 때, 'a/an'을 구분해서 쓰고 있다고 자각하지 않는다.

둘 다 같은 식으로 발음하고 있다고 생각한다. 이와 마찬가지로 아이의 초기 영어학습에서는 '규칙대로'가 아니라 '패턴을 자연스럽게 체득하는 상태'가 되도록 지향해야 한다.

단문을 포함한 발음 연습에는 다음의 콘텐츠를 추천한다. 그 외에도 앞에서 소개한 '읽어주기용' 책도 아이가 스스로 음독하는 교재로는 그만이다.

Hop on Pop (Dr. Seuss/Random House)
Book
Dr. Seuss 시리즈의 입문편이라고 할 수 있는 책이다. 한 음절 단어만으로 쓰인 시로, 통통 튀는 언어의 리듬을 음미할 수 있다. 부록의 CD도 함께 이용하자.

One Fish, Two Fish, Red Fish, Blue Fish (Dr. Seuss/
Book
Random House)
이것도 Dr. Seuss 시리즈의 초급용 책이다. 숫자와 색깔 등의 형용사를 배우기 시작한 아이에게 최적. 부록의 CD 음성을 들으면서 도전해보길 바란다.

포인트 4 ▶ Picture Dictionary를 선물하자

'사물에는 이름이 있다' '행동에는 이유가 있다'라는 사실을 알게 되면, 아이는 어른에게 질문 공세를 시작한다. "이거 뭐야?"부터, "저 간판에 뭐라고 쓰여있어요?" "왜 ○○예요? 왜?"

등등, 알고 싶은 마음이 생기는 즉시 쉬지 않고 묻고 또 묻는다.

부모가 바쁠 때는 "이따가"라는 말이 저도 모르게 튀어나오려고 한다. 하지만 이때의 호기심이야말로 평생 배움의 원동력이다. 가능한 한 아이들의 호기심의 싹을 짓밟지 않도록 소중하게 소중하게 키워주길 바란다.

만일 아이가 "이건 뭐야?" "왜?"라는 질문 공세를 해오기 시작하면, 반드시 영어의 Picture Dictionary를 선물하도록 하자. 이것은 단어의 의미를 일러스트로 이해할 수 있게 만들어진 사전이다.

어른의 학습에도 사용할 수 있는 본격적인 Picture Dictionary도 있지만, 어린이용이 좀 더 친숙한 그림으로 되어 있으므로 우선은 어린이용을 추천한다.

이때 주의해야 할 것은 모노링궐판, 즉 '영어로만' 된 것을 구입하라는 것이다. 우리말과 영어가 병기된 바이링궐판으로는 영어를 영어인 채로 흡수할 수 없다. '일러스트와 영어로만' 게재된 것을 사주도록 하자.

Picture Dictionary의 가장 좋은 장점은 앞에서도 설명했듯이 '상황' 속에서 단어를 외울 수 있다는 것이다. 'lion'을 단독으로 기억하기보다 동물원을 그린 커다란 한 장의 그림 속에서 'giraffe' 'elephant' 'hippo' 등과 한 쌍으로 기억하는 편이 기억의 정착 측면에서도 압도적으로 뛰어나다.

또 하나의 장점은 일러스트를 사용함으로써 추상적인 단어를 배우기 쉬워진다는 점이다. 예컨대 'into' 'over'와 같은 전치사도 일러스트가 있으면 이미지를 떠올리기 쉽고, 'one/two/three... one hundred'와 같은 수사도 Picture Dictionary를 사용하면 훨씬 수월하게 기억할 수 있다.

다음은 추천하고 싶은 사전들이다.

📖 Book Word by Word : Primary Phonics Picture Dictionary (Pearson)

파닉스 학습과 함께 사용하면 효과적인 초심자를 위한 사전. 다만, 안타깝게도 음성 CD가 없으므로, 발음은 어른이 가르쳐줘야 한다.

📖 Book Longman Children's Picture Dictionary with CDs (Pearson)

800개 단어를 수록한 음성 CD가 함께 있는 사전. 아이의 일상생활에 친숙한 주제별로 단어를 배울 수 있다는 점이 매력이다.

📖 Book The Sesame Street Dictionary (Random House)

「Sesame Street」의 팬인 아이들에게 추천하는 한 권. 단, 이 역시 음성 CD가 없다는 것이 아쉽다.

정말로 머리가 좋아지는
세계 최고의 **아이 영어**

~~~~~~~~~~~~~~~~~~~~~~~~~~~~~~~~~

Chapter 06 | # '영어에 자신감이 있는 아이'가 되는 최고의 생활습관

영어는 '자신감이 있는 아이'로 키운다

초등학생 정도 되면 영어 실력을 기술로 단련함으로써, "나는 영어를 할 수 있어!" "나는 영어를 잘해!"라는 자신감을 키워가는 것이 무엇보다 중요하다.

이 같은 자신감을 줄 수 있느냐 없느냐가 자녀양육의 핵심이다. 야구의 배팅을 예로 들어보자.

① '나는 배팅을 잘 못한다'고 인식한다
② 배팅의 개선을 위해 필요한 행동을 스스로 취한다
③ 실제 시합에서 배팅으로 좋은 결과를 얻는다

사람은 이와 같은 프로세스를 거쳐 자신감을 얻는다. 왜 이것이 중요한가? 이 프로세스를 반복함으로써 '나는 필요한 행동을 스스로 취하여, 나 자신을 향상시킬 수 있다!'는 인지가 강화되기 때문이다. '내가 내 인생을 더 낫게 만들 수 있구나!'라는 실감이랄까, 이것을 심리학 세계에서는 **자기효능감**(Self-efficacy)이라고 한다. 자기효능감은 학습을 지속하는 모티베이션의 원천이 된다.

학습자의 모티베이션을 어떻게 유지할 것인가는 SLA 세계에서도 전부터 왕성하게 연구되어 오고 있다. 여기서 힌트가 되는 것은 인지심리학 분야에서 발달해온 **자기결정이론**(Self-determination theory)이다[5].

이 이론에 따르면 인간의 내적 동기부여를 높이기 위해서는 아래의 세 요소를 빼놓을 수 없다.

- '나는 할 수 있다고 자신하는가?(Competency)'
- '나의 학습에 의사 선택이 있는가?(Autonomy)'
- '학습환경과의 관계가 적절한가?(Relatedness)'

여기서도 알 수 있듯이 아이 자신이 '내 힘으로 영어 실력을 높

---

5   Ryan & Deci, 2000 ; Noels et al., 2000

일 수 있다!'라고 느끼는 것은 모티베이션을 유지하기 위해 상당히 중요하다.

'적절한 방법으로 계속하면, 어떤 아이라도 확실한 성과를 얻을 수 있다'는 점에서, 영어는 자기효능감을 키우는 데 안성맞춤이다. 부모님은 이 점을 꼭 기억해두길 바란다.

다른 교과목은 부족해도 영어는 문제없어!

아래 세 가지를 꼭 명심하자.

① 다른 교과의 성적은 영어 실력에 영향을 미치지 않는다
② 문자에 의한 학습과 논리적 이해를 서서히 도입한다
③ 종이 교재에 연연하지 않고 IT와 디지털 기기를 적극 활용한다

먼저 영어는 본질적으로는 '교과'가 아니라는 사실이다. 드디어 초등학교에서도 영어가 정식교과목으로 도입되었고, 영어에도 성적표가 만들어지게 되었다. 초등학생 아이를 둔 부모님 중에는 다른 교과목의 성적이 좋지 않다며 미리부터 한숨을 짓는 사람이 있을지 모른다.

만일 그렇다면 영어에는 '대역전'의 가능성이 있다는 사실을 기억하라. 앞에서 서술했듯이, 제2 언어능력은 원래 국어나 수학

보다 음악, 체육, 기술가정과 같은 기능에 가까운 성질의 것이다.

요컨대 공부를 잘하지 못하는 아이라도, 제대로 된 방법과 환경만 준비되면 영어 실력은 착실하게 늘게 된다. 그러니 결코 처음부터 포기하지 말자.

JPREP에 근무하는 한 선생님은 고등학교 2학년까지 형편없는 성적에 공부라곤 제대로 해본 적 없는 고교야구 선수였다. 다니던 학교도 이른바 일류 진학 고교도 아니고 지방의 보통 공립학교였다.

하지만 고등학교 2학년 때 마음을 바꿔먹고 본격적으로 영어를 공부하기 시작한 결과, 국어를 비롯한 다른 교과목의 성적도 급상승했다. 금세 CEFR B2를 취득했다. 그는 결국 국내의 대학이 아닌 미국의 커뮤니티 칼리지(공립의 2년제 대학)에 입학한 후 캘리포니아대학 버클리 캠퍼스를 졸업하였다.

JPREP에 '전직 고교야구선수를 채용한다'는 방침이 있는 것도 아닌데, 야구선수 출신의 다른 선생님(지금은 미국 체류중)의 비슷한 사례가 있다. 야구부를 그만두고 대학에 진학하기 위해 모의시험을 치렀는데, 그는 글쎄 전국에서 최하위에 버금가는 점수를 맞았다고 한다.

그런데 그 또한 '영어공부'를 시작하면서부터 국어와 사회 등의 성적도 덩달아 올라, 비록 재수는 했을지언정, 조치대학에 입학! 현재는 미국의 대학원에서 응용언어학을 공부 중이다.

그들의 사례는 다소 이례적이고 비교적 학령이 높은 학생의 에피소드긴 하다. 그래도 이를 통해 올바른 영어학습에는 인생에 커다란 화학변화를 일으킬 수 있는 '촉매'로서의 파워가 있다는 사실만은 실감할 수 있으리라 확신한다.

어쩌면 영어가 여러분 아이의 일생을 좌우할 자신감의 씨앗이 될지 모른다. 그를 위해서라도 일단은 '우리 아이는 영어를 잘할 수 있어!'라고 부모님이 믿어주고, 나아가 '자연스럽게' 응원해 줄 필요가 있다.

'소리 : 문자'의 비율을 '7 : 3' 정도로 바꾸자

두 번째 포인트는 문자와 논리를 통한 학습의 무게를 높이는 것이다.

물론 주축이 소리라는 사실에는 변함이 없다. 다만, 유아기에 '소리 : 문자 = 9 : 1'이었던 것을 서서히 '7 : 3'이나 '6 : 4' 정도로 바꾸는 것이다.

아직 초등학생 단계에서는 소리에 대한 감수성이 상당히 예민하므로, 여전히 '귀를 통한 학습'이 더 효율적이라는 사실을 잊지 말자.

한편, 학교의 교과학습을 시작하는 초등학생은 '읽기' '쓰기'

에 대한 저항감도 낮아지게 된다. 책을 이용해 차분히 영어문장을 읽거나 연필을 들고 영어문장을 쓰게 함으로써, '듣기' '말하기'의 능력에도 상승효과를 주는 어프로치가 필요하다.

'우리말을 이용한 이해'는 고학년 때 시작하자

또 고학년 정도가 되면 사물의 이치를 알고 이해하는 능력이 생긴다. 그런 경우에는 '통째로' 영어를 받아들이는 것뿐만 아니라, 우리말로 된 문법 해설이나 발음기호 등을 포함한 구조적인 이해를 병행하도록 한다.

JPREP의 핵심 커리큘럼은 반드시 우리말을 모국어로 하는 강사와 영어를 모국어로 하는 강사가 한 조를 이뤄서 진행하도록 하고 있다. 그 때문에 이머전(집중훈련)을 과신하는 부모님들은 "왜 전원 원어민 강사로 하지 않느냐?"고 묻기도 한다. 대답은 한마디로 '효율이 나쁘기 때문'이다.

가령 일본에 오래 살아서 일본인의 서툰 발음에 완전히 익숙해져 버린 원어민 강사들은 학생이 "Thank you."를 'sænkjù'나 '쌩큐(일본식 발음-역자)'로 발음하더라도 '에이, 아직 아인데 뭘, 어쩔 수 없지'라고 그냥 넘어가는 일이 있다. 그 결과 아이의 이상한 영어 발음이 그대로 방치되는 경우를 자주 목격하게 된다.

초심자인 아이들에게 올바른 발음을 영어로 설명해주는 것은 결코 쉬운 일이 아니다. 그러다 보니 학생의 학습의욕을 다치지 않도록 하면서, 그것을 설명할 수 있는 원어민 강사는 그리 많지 않다. JPREP에서는 그렇게 되지 않도록 강사연수를 하고 있지만, 대부분 학원에서는 거기까지 하기가 쉽지 않고, 오히려 그냥 그대로 즐기는 데 주력하는 곳도 있을 것이다.

그 부분을 보강하는 것이 내국인 강사의 강점이다. 그들은 내국인의 영어 발음의 특징을 알고 있으므로, 그것을 놓치지 않고 정확하게 지적하고 수정해줄 수 있다. 학생의 나이에 따라 다르겠지만, 혀의 위치를 그림으로 보여주거나 발음기호를 이용하면 아이들도 민첩하게 궤도수정을 할 수 있다. 이처럼 내국인 강사로부터 모국어로 설명을 듣는 편이 단순하면서 효율적일 때가 갈수록 증가한다. '영어로 이해'하는 것과 더불어 '모국어로 이해'하는 방법도 병행하자.

디지털 기기를 풀 활용하자

사이버 폭력이나 개인정보 유출의 위험이 도사리고 있기도 하고, 스마트폰이나 태블릿 같은 **디지털 디바이스**를 아이에게 제공하는 것에 부정적인 의견을 가진 부모님도 적지 않을 것이다.

하지만 어학 학습에 있어서는 이들 도구를 사용하지 않을 수 없다. 영상, 음성, 문자를 자유롭게 출력할 수 있는 디바이스는

SLA의 발상을 적용한 학습법과도 잘 맞아서 피해야 할 이유가 거의 없다.

아이가 영어를 마스터하길 바란다면, 부모 세대의 학습이미지를 버리는 것이 첫걸음이라고 했던 말을 기억하는가? 모름지기 '책상에 앉아 교과서와 공책을 펼치고' 하는 것만이 영어공부가 아니다.

소파에 편안하게 앉아서 태블릿으로 발음 연습을 해도 좋다. 좋아하는 애니메이션 캐릭터의 영어 동영상을 보며 대사를 따라 하는 것도 좋다. 침대에 엎드려 Picture Dictionary를 쳐다보는 것만으로도 아이의 영어 실력은 향상된다.

다칠지 모른다는 걱정 때문에 요리를 하면서 칼을 쓰지 않을 수는 없다. 도구는 결국 사용하는 사람에게 달렸다. 아이가 안심하고 학습할 수 있도록 보안환경을 잘 관리하면서, 디지털 디바이스를 적극적으로 활용하도록 하자.

영어의 '소리와 문자'를 연결하다
— Balanced Literacy Approach (6-8세)

배움의 기초력을 익히는 시기

여기까지 '재미'에 주안점을 두었다면, 초등학교에 입학한 무렵부터는 '배움'을 의식한 환경 만들기가 중요해진다.

그렇다고 책상에 앉혀서 영어를 공부시킬 필요는 없다. 지금까지 신체적으로 파악해왔던 소리와 문자에 대한 지식을 정리하여, 다시 배우는 기회를 만드는 것만으로 충분하다. 이것이 앞으로 갖춰야 할 '스스로 배우기 위한 기초력'으로 이어진다.

한편 유치원에서 초등학교로 진학할 때, 아이는 대대적인 환경 변화로 인한 일정한 부담감을 느끼지 않을 수 없다. 나도 지금까지 JPREP KIDS클래스에서 수많은 초등학교 1학년생을 봐왔더니, 처음에는 적응하는 것만으로도 아이들에게는 큰 스트레스가 된다는 것을 알게 되었다. '새로운 것'을 단번에 너무 많이 주입하지 않도록 세심한 주의가 필요하다.

'각각의 문자'에 '각각의 소리'

어쨌든 초등학교에 들어가면 '국어' 수업이 시작되므로, 그때까지 축적했던 것들이 드디어 꽃을 피우는 순간이 찾아온다.

예컨대 수업을 통해 문자를 배움으로써, 소리와 문자의 관계성을 알게 된다. 그때까지 보았던 파닉스의 동영상을 돌이켜보며 "그렇군, 우리말 '아'는 [아]라고 읽고, 영어 'a'는 [éi]라고 읽는구나!" "우리 글자에는 대문자 소문자가 없는데, 영어에는 대문자와 소문자가 있구나."라는 식으로 이해가 깊어진다.

그렇게 되면 두 개 언어의 공통점과 차이점에도 눈을 뜨게 되어, 모노링궐의 아이에게는 없는 시점, 즉 언어를 상대화하여 관찰하는 시점(메타언어인식)이 양성된다.

전에 한 아이로부터 "일본어에서는 고리점(。)으로 문장이 끝나는데, 영어에서는 왜 마침표(.)를 쓰나요?"라는 질문을 받고, 잠시 멍하니 생각에 잠긴 적이 있다. 그야말로 영어를 공부한 아이만이 가질 수 있는 착안점이다. 이것을 '다음 스텝'으로 자연스럽게 연결시켜주는 것이 우리 어른들의 역할이다.

또 이 시기에는 신체적인 성장과 더불어 운동기능도 향상되므로, 안정적인 필압으로 연필을 움직여 글씨를 쓸 수 있게 된다. 공책에 글자를 쓸 기회도 많아지므로, 쓰기에 저항감이 점차 없어진다. 그러면 영어의 알파벳과 단문을 쓰는 연습도 차근차근 시작하도록 하자(단, 무리는 금물!).

포인트 1 ▶ **파닉스 퀴즈에 도전!**

파닉스를 지속하면 영어의 독자적인 소리가 서서히 학습자 내부에 정착된다. 하지만 파닉스의 영상과 음성을 통해 제각각 따로따로 기억한 것에 지나지 않는다. 이것을 다시 한번 체계적인 형태로 배울 기회를 만들도록 하자.

아이가 파닉스를 어느 정도 터득하였는가는 알파벳의 '대문자' '소문자'를 랜덤으로 가리키면서 각각의 파닉스를 발음하도록 시켜보면 확인할 수 있다.

노래에 맞춰 처음부터 하나하나 발음하는 것이 아니라, 뒤죽박죽 순서에서도 금방금방 소리를 낼 수 있으면, 아이 안에서 문자와 소리가 척척 결합하고 있다는 증거다. 부모님이 일방적으로 출제하는 것이 아니라, 서로 주거니 받거니 문제를 내고 답하는 퀴즈형식으로 하는 등 게임성을 띠는 것이 좋다.

문자와 소리의 대응 관계에 대한 이해가 깊어지면, 아이의 뇌는 단어의 스펠링을 보고 음소를 분석하고 발음을 재구성할 수 있게 된다. 아이가 모르는 단어를 가리키며 "How do you read this?"라고 퀴즈를 내보자.

이런 대응을 통해 '나는 모르는 단어도 읽을 줄 안다!'는 자신감을 심어주도록 하자.

- 엄마> How do you read this? (WOLF라는 문자만 보여주면서)
- 아이> w...o...l..f...wolf?
- 엄마> Yes! wolf, you're right! And this is a wolf. (늑대 그림을 보여준다)
- 아이> Ah! I know wolf!

단, 영단어를 암기시키기 위해서가 아니라, 파닉스 지식을 이용해 스스로 발음을 '발견'하게 하고, 이어서 의미를 이해하게 한다는 순서를 의식해둘 필요가 있다.

아이가 모르는 단어를 읽어내는 모습을 보면, 부모의 감동 또한 커진다. 그럴 때는 꼭 칭찬해주기!

◆ **칭찬의 말, 격려의 말**
- Wow!/Good job!/Wonderful!/Excellent!/Super! (훌륭해!)
- Good try!/I love how you tried!(잘했어!)
- Let's try one more time.(다시 한번 해보자!)
- Why don't we try together, this time?(이번엔 같이 해볼까?)

포인트 2 〉 **영어는 조용히 공부하는 것이다? NO!**

모국어 능력의 발달면에서 보면, '쓰기' 기능은 초등 1학년은

〈주어+술어〉를 이용한 단문을, 2학년은 감상문 등 '자신의 기분을 전달하는 문장'을 쓸 수 있는 수준이 하나의 기준이다. 영어의 '쓰기'에서도, 문자를 쓰는 연습을 시작해서 간단한 문장을 쓸 줄 아는 정도를 목표로 하면 된다.

주의해야 할 것은 쓰기를 할 때도 '소리'를 의식할 것. 우리의 교실 환경에서는 조용히 책상에 앉아 있는 것이 학생의 미덕처럼 되어 있으나, 적어도 어학을 배울 때 그것은 마이너스다. 글을 쓸 때마다 문자나 단어 혹은 문장을 소리 내어 말하면서 쓰도록 하자. 즉, '조용히 공부하지 않는 것'이 영어에서는 미덕이다.

이 시기부터는 단어나 그 조합을 '발음하는 것'만이 아니라, 그들 단어가 속해 있는 문장을 '읽고 이해하는 것'도 아주 중요하다는 사실을 알아야 한다. '소리-문자'의 관계만이 아니라 '문자-의미' 또한 중요하게 다루는 이 학습 어프로치를 **밸런스형 리터러시 어프로치**(Balanced Literacy Approach)라고 부른다.

파닉스 교재를 사용하면서 다음과 같은 연습을 해보자. 이것을 반복함으로써 '단어→단문' '단문→문장' '문장→스토리'라는 구조, 나아가 '주어가 먼저 나온다'거나 '마지막에는 마침표를 찍는다'와 같은 문장의 구성에 대해서까지 자연스럽게 이해할 수 있다. 이것은 향후 영문을 쓰는 힘을 기를 때도 매우 중요하다.

① 필사부터 시작

먼저 영문을 따라 쓰는 연습부터 시작하자. 정성껏 예쁘게 쓰는 것도 중요하므로 영어학습용 공책을 사용하자. 그림책이라면 그림도 따라 그리도록 하면 좋다. 좋아하는 그림책의 문장과 그림 모두를 따라 쓰고 그리면서 자기만의 그림책을 만들어 보는 것을 추천한다.

② 빈칸에 단어 채워 넣기

예컨대 "The (   ) has two (   )."와 같이, 배운 단어를 복습할 수 있도록 빈칸 채우기 문제를 만들어 보자. 아이에게 채우도록 할 때는 반드시 "The cat has two hats."와 같이 음성을 들려준다. CD를 틀어줘도 좋지만, 부모님이 읽어줄 때는 각각의 문장을 천천히 2회, 그리고 평소 속도로 1회씩 읽어준다. 단어의 빈칸 채우기를 성공하면, 이번에는 전문을 듣고 쓰는 **연습**(Dictation)에도 도전하자.

포인트 3 ▶ 책 읽는 습관을 들이자

어떤 언어든지 어릴 때부터 책 읽어주기를 습관적으로 해왔다면, 초등학생이 되어서도 계속해서 읽어주도록 하자. '겨우 아이

혼자 잘 수 있게 됐는데…'라며 책 읽어주는 습관을 그만두는 것은 그간의 노력이 너무 아깝다.

또한 아이의 사고력을 키워주고 싶다면, 읽은 책의 내용에 대해 함께 이야기를 나누는 것도 좋다. "만일 네가 이 이야기의 주인공이라면 어떻게 할 거야?"와 같이 이야기의 세계관을 기점으로 대화한다면, 아이는 상상력의 나래를 펼치며 "나라면 이렇게 할 거야!"라고 아주 흥미로운 대답을 들려준다.

그리고 무엇보다 부모님 자신이 독서습관을 가지고 있는 것이 중요하다. 미국에 있을 때, 예일대를 비롯한 아이비리그의 선생님들과 그 가족들 모임이 있었는데, 그 안에서 아내가 발견한 사실이 있다. 그들 자택의 거실에는 '반드시'라고 해도 무방할 정도로 '아빠 엄마가 읽고 있는 책'이 놓여있었다는 것이다.

서재에 틀어박혀 책을 읽는 것이 아니라 아이들이 보는 앞에서 독서를 한다. 이것은 아이에게도 좋은 효과가 있다고 믿는다. 그들 중에는 '부모님과 아이가 읽은 책의 내용에 대해 가족끼리 토론을 한다'는 가정도 있었다. 부모 자신이 배우는 자세를 가지고 있느냐 없느냐는 아이의 지적 성장을 좌우하는 포인트가 된다.

더욱이 영문을 읽을 수 있게 되면, 혼자 힘으로 책을 읽도록 격려하자. 스스로 읽은 책 내용에 대해 어른과 이야기를 나눌 수 있다면 더할 나위 없이 좋다.

단번에 책 전체를 혼자 읽게 하는 것은 무리일 수 있으니, 영어 책을 읽어줄 때 "이 페이지는 네가 읽어볼래?"라고 물어보는 것도 좋은 방법일 것이다. 또한 아이더러 책 한 권을 읽어주게 한 뒤, 부모님이 자신의 감상을 말해보는 방법도 있다.

'영어책인데 어렵지 않을까?'라는 생각은 어른의 착각이다. 꾸준히 영어를 접해온 아이에게는 모국어도 영어도 이제 갓 익히기 시작한 언어다. '읽을 수 있다는 기쁨'을 만끽할 수 있도록 가능한 한 많은 기회와 책을 준비해주는 것이 좋다.

다음은 추천하고픈 읽기 교재의 시리즈다.

📖 I Can Read! (HarperCollins)
Book
유아용을 비롯해 6단계 레벨로 나누어진 리딩 교재 시리즈. 원어민 아이라면 반드시 읽는 문학작품이 수록되어 있다. 이하, 네 시리즈 모두 WEB상의 게임이나 액티비티가 잘 지원되어 있어 다각적으로 학습에 이용하면 좋다.

📖 Step Into Reading (Penguin Random House)
Book
만화나 영화의 주인공이 등장하는 이야기도 포함된 시리즈로, 아이들이 좋아할 만한 분야의 책이 5단계 레벨로 폭넓게 갖춰져 있다. 「Dr. Seuss」 시리즈도 수록되어 있다.

📖 National Geographic Readers (National Geographic)
Book
흥미로운 사이언스 토픽이 각 테마별로 알기 쉬운 문체로 쓰여있다. 레벨은 모두 4단계. 내셔널 지오그래픽의 아름다운 사진이 가득하다.

📖 **Book** **Oxford Reading Tree Read with Biff, Chip and Kipper** (Oxford University Press)

앞에서는 파닉스 시리즈를 소개했는데, 이것은 Reading용 시리즈다. 음성 CD가 부록으로 첨부된 것을 구입하는 것이 좋다. 얇은 책자 형식의 책을 모두 읽고 나면, 상당한 성취감을 맛볼 수 있다.

포인트 4 '따라 하기'로 아이의 뇌가 달라진다

문자를 사용한 학습이 부쩍 늘었지만, 소리가 중심이라는 사실에는 변함이 없다. 그렇다고 파닉스만 내리 연습하면 아이도 그만 질리고 만다.

이럴 때 도입하면 좋은 것이 '문장 따라 읽기'다. 특별한 것은 없다. 원어민이 문장을 읽고 나면, 같은 문장을 따라 하기만 하면 된다. 부모님과 아이가 같이 하면, 마치 게임 같은 느낌이 들어 한층 재미있게 할 수 있다.

이때의 포인트는 문자를 보지 않도록 할 것. 간단한 단문이나 스토리라도 귀를 집중시켜 들리는 대로 발음하도록 한다. 영어 듣는 귀를 단련시키기 위해서는 문자는 사용하지 않고 '귀와 입'을 단련하는 것이 좋다.

그렇지만 아이의 경우에는 난이도를 조정할 필요가 있다. 처음에는 '단어'나 '짧은 문장'에서 시작하고, 차츰 익숙해지면 그

때 조금씩 긴 문장으로 레벨을 올리도록 한다. 속도를 따라가지 못할 때는 음성의 재생속도를 낮추는 등, 나름의 방법을 모색해서 아이가 자신감을 잃지 않도록 주의하자.

Stage 5

영어로 '콘텐츠'를 즐긴다
— Content Based Approach (8-10세)

아이의 '자아'가 생기기 시작하면 어프로치를 바꾸자

초등학교 생활에 어느 정도 익숙해지는 8~10세 때는 한마디로 '자신과 타인의 차이를 깨닫는 시기'다. '나는 키가 작다'느니 '내가 달리기를 더 잘한다'느니 '짝꿍의 머리모양이 더 예쁘다'느니……, 요컨대 타인과 자신을 비교하여 우월감을 느끼는가 하면 열등감을 느끼기도 한다.

아이들끼리 같이 노는 시간도 늘어나기 때문에, 부모가 개입할 여지도 점점 줄어들게 된다. 부모가 하나부터 열까지 다 해주는 게 싫다는 아이도 있을 것이다. 그야말로 '뭐든지 엄마랑 같이하던 때'와는 본격적으로 안녕을 고하는 시기다.

그런 싹이 보이기 시작하면, 영어학습에서도 조금씩 엄마 아빠의 역할을 줄여갈 필요가 있다. 보조바퀴 없이 자전거를 타는 연습을 할 때처럼(요즘에는 페달 없이 타는 자전거도 있다지만), 아이가 스스로 달릴 수 있도록 뒤에서 지켜봐 주도록 하자.

'요즘 우리 애 영어공부 시간이 부쩍 준 것 같아!'라는 걱정이 앞서서 강압적으로 밀어붙이면, 오히려 영어를 싫어하게 될지 모른다는 사실을 반드시 기억해두길 바란다.

텔레비전을 보여줄 바엔 차라리 YouTube로 영어를!

이 단계에서는 **콘텐츠를 이용한 어프로치**(Content Based Approach)를 의식해야 한다. 내가 주로 염두에 두고 있는 것은 동영상과 애플리케이션 등 인터넷상에 올라온 콘텐츠다.

교육효과를 생각할 때, 어차피 같은 영상미디어라면 텔레비전보다는 YouTube를 강력하게 추천한다. 실제로 우리 집 거실에 있는 텔레비전도 '고장'난 걸로 되어 있다. 텔레비전을 안 보도록 하기 위해서인데, 곤란할 건 하나도 없다.

정해진 프로그램이 일방적으로 흘러나와 일일이 녹화하지 않으면 반복해서 재생할 수도 없는 텔레비전보다는 원하는 순간에 폭넓은 콘텐츠를 반복해서 접할 수 있는 WEB미디어가 어학 학습 도구로서는 훨씬 바람직하다고 생각한다.

 YouTube Kids
App
http://kids.youtube.com/
학습과는 상관없는 동영상, 미성년자에게는 부적절할 동영상도 많으므로 그에 대한 통제는 불가피하지만, 잘만 활용하면 이것만큼 좋은 학습 도구도 없다. 이것은 보호자에 의한 사용제한 등의 기능이 있는 어린이용 Youtube 애플리케이션이다.

월정액이 있는 영상스트리밍 전송서비스다. 여기에는 12세 이하에게 적합한 콘텐츠가 'Kids Section'에 집결되어있을 뿐 아니라 어린이용 콘텐츠에만 접근할 수 있는 프로필을 별도로 작성할 수 있다. 아이의 시청 이력을 관리하고 싶은 부모님에게 추천한다.

'자기 나름의 문장'을 쓸 수 있게 된다

그 밖에 아이 혼자서도 할 수 있는 학습, 즉 '쓰기' '읽기'의 시간 비중을 높여가는 것도 중요하다.

동급생의 눈을 의식하기 시작하면, 부모님과 함께 영어노래를 부르거나 엄마랑 딱 붙어서 파닉스 연습하는 것을 싫어하는 아이도 생길 것이다. 이때 부모님은 아이가 읽고 쓴 것에 관해 대화하거나 혹은 간단한 영어게임을 함께하는 정도로 하고, 그 외의 것은 가능한 한 **환경 정비**에 주력하자.

8~10세 아이에게는 특히 **Writing** 학습을 본격적으로 시작할 것을 추천한다. 여기에서 말하는 Writing이란 교재가 되는 책을 필사하는 연습만이 아니라, 자기만의 짧은 문장을 만들고 자기 생각 등을 표현하는 트레이닝을 말한다.

아이에게 '자아'가 발현되면, 사물이나 상황을 정리할 때의 독자적인 시점이 생기게 된다. 누구에게나 해당되는 단조로운 문장을 쓰게 해봐야 별 도움도 안 되고, 무엇보다 재미가 없다. '나는 축구가 좋아!' '나는 댄스를 배워!' 등등, 자신에게 의미가 있는 소재를 자기의 표현방식으로 쓰는 연습을 조금씩 시작하게 하자.

포인트 1 ### 영어의 롤 모델을 찾자

이 시기의 아이는 타인과의 차이에 눈을 뜨게 된다는 이야기를 앞서 하였다. 영어학습을 위한 동기부여를 고려하면, 이 변화는 순풍이 되어줄 것이다. 아주 간단히 말하면 '영어를 잘하면 멋져!'라는 인식이 아이 본인의 의욕을 쑥쑥 키워주기 때문이다[6].

바로 그때 반드시 돌아보아야 할 것이 아이가 좋아하는 사람이나 아이템이다. 가령 축구를 좋아하는 아이라면, 동경하는 선수가 해외에서 활약하면서 유창한 영어로 이야기하는 장면이 아이에게 그야말로 강력한 동기부여의 재료가 되어줄 수 있다. 제2언어학습에서 롤 모델 존재의 중요성은 SLA의 여러 연구에서도 명백히 확인된 바다.

아이가 "나도 언젠가 꼭 저렇게 되고 싶어! 그러려면 영어도 잘해야겠지!"라고 결심할 수 있는 롤 모델을 함께 찾아보자. 그

인물이 영어로 말하는 모습을 YouTube 등에서 찾아 아이와 함께 꼭 보기 바란다.

포인트 2 ▶ **영어로 사이언스! 생애 첫 CLIL**

초등학교 3학년부터는 '사회'와 '과학' 수업도 시작되므로, 사이언스 세계나 다큐멘터리 콘텐츠에 관심을 갖는 아이도 나오게 된다. 그러다 보니 이미 배운 것을 단서로 하여 영어 콘텐츠를 선택하는 것도 좋은 방법이 된다.

이들 분야는 동영상 콘텐츠와도 잘 맞아서 퀄리티 높은 많은 작품이 무료로 공개되고 있다.

JPREP에서도 과학, 사회, 영어 수업을 접목하여 CLIL 교육을 실시하고 있다.

예를 들면 학교의 '과학' 수업에서 빛에 관해 배우고 온 아이에게 "무지개를 영어로 표현해보자!"라는 수업을 해보았다. 무지개의 일곱 가지 색(Red/Orange/Yellow/Green/Blue/Indigo/Violet)을 원어민이 암기하는 방법이라든가, 빨간색과 노란색을 섞으면 무슨 색이 될까? 같은 이야기를 하면 아이들의 반응은 확실히 달라진다.

참고로 일곱 가지 무지개색을 외우는 방법으로 머리글자를

'ROY G BIV'(로이 G. 비브 씨), 즉 사람의 이름처럼 나열해 외우는 방법이 있다.

이미 알고 있는 내용을 영어로 다시 배운다는 의미에서는 '수학'도 상당히 좋은 소재다. 기수(one, two, three...)를 100까지 말하거나, '1+1=2' '4×5=20'을 영어로 말해보는 연습은 아이에게도 친숙한 느낌을 준다.

'수학'을 영어로 배우면, 부정관사의 의미나 셀 수 있는 명사/셀 수 없는 명사의 차이를 어렴풋이 깨닫는 계기가 되기도 한다. 학교 영어라면 "셀 수 있는 명사와 셀 수 없는 명사가 있어요. water는 셀 수 없는 명사이므로 부정관사는 붙이지 않습니다." 와 같이 연역적인 지도방법으로 가르치겠지만, 원래는 아이 스스로가 규칙을 '발견'하는 것이 가장 이상적이다.

영어로 수학을 배우는 사이, "그러고 보니까 apple이 하나일 때는 'an'인데 두 개 이상이면 's'가 붙잖아!"라거나 "어? water는 waters라고 하지 않고 three glasses of water라고 말하는구나!"라는 식으로 '깨우치게 한다'는 목표를 갖자.

나 역시 초등학교 때, 같은 방식의 '발견'을 경험했던 기억이 지금도 생생하다. 그때는 아직 영어가 매우 서툴렀지만, 가사가 적힌 카드를 손가락으로 짚어가면서 서양음악의 레코드를 듣는 조금은 독특한 취미를 가지고 있었다.

그러는 동안 나는 "th-의 발음은 '쓰'도 '뜨'도 아니구나!" "우리말하고는 다른 종류의 모음이 있구나!" 등의 사실들에 대해 문득 깨닫게 되었다. 그런 경험이 있었기에, 중학교에서 영어수업을 들을 때도 '아, 이건 그때 그거잖아!'라고 쉽게 받아들이고 이해할 수 있었다.

누가 주입식으로 가르쳐준 것보다 스스로 발견한 것을 사람들은 더 잘 기억하는 법이다. 반드시 아이가 '스스로 깨달을 수 있는' 기회를 만들어 주도록 하자.

다음은 CLIL 입문을 위해 추천하는 교재들이다.

📖 Guess What! American English-Student's Book (Cambridge University Press)
Book

'수학, 과학, 사회의 토픽을 통해 영어를 배운다'라는 콘셉트로 만들어진 시리즈 교재. 음성과 DVD, 워크북도 구입가능. 6단계 레벨이 있으며, 레벨 1부터 시작하면 된다. 처음부터 전부 다 하려고 하지 말고, 우선은 DVD에서 다뤄지는 'Main Question'에 포커스를 맞춰 학습하는 것이 좋다.

📖 Explore Our World (National Geographic Learning)
Book

과학과 사회 교과의 토픽을 통해 우리가 사는 세계를 영어로 배우는 교재 시리즈다. 총 6단계 레벨로 분류되며, 이것도 음성, 영상, 워크북으로 구성되어 있다. 이 역시 레벨 1부터 시작하는 것이 좋지만, 너무 간단하다 싶으면 레벨 3~4까지 건너뛰어도 좋다.

📖 KUMON Math Workbooks
(Kumon Publishing North America)

구몬이 미국에서 전개하고 있는 원어민 아동용 수학 문제집이다. 아이가 이미 '수학' 수업에서 배운 내용이라면, 별 어려움 없이 영어로 배우는 CLIL 세계로 입문할 수 있다.

포인트 3 ▶ 영어일기로 '쓰기의 재미'를 알다

앞에서 'Writing 연습을 시작하자!'라고 쉽게 말했지만, Writing 지도를 가정에서 한다는 건 결코 쉬운 일이 아니다. 본격적으로 영어 실력을 높이고자 할 때, 4기능 중에서 전문적인 지도가 가장 필요한 것이 사실 Writing이라고 생각한다. JPREP에서도 Writing에 있어서는 강사로 하여금 보다 세심한 첨삭지도를 하도록 하고 있다.

그렇지만 이 시기에는 스펠링이나 문법에서의 실수에 너무 신경질적이 될 필요는 없다. 오히려 '내가 쓴 영어문장의 내용이 선생님과 부모님께 잘 전달되었다!'라는 성공체험에 무게를 두도록 하자. 일일이 고쳐줄 필요는 없다. 우선은 '영어로 문장을 쓰려고 하는 자세'를 칭찬하자. '틀린 것 천지라도 쓰는 연습 자체에 의미가 있다'고 보는 연구자도 많다.

Writing에 관한 교재도 많지만, 우선은 '일기'에서부터 시작하는 것이 좋다. 어느 날, KIDS클래스 학생에게 "영어로 일기를 써서 제출해도 된단다."라고, 그야말로 지나가듯 말한 적이 있다. 그런데 당장 일기를 써보더니 이내 영문쓰기를 좋아하게 된 아이가 있었다.

아이들이 쓸 수 있는 구문이나 어휘는 한정되어 있겠지만, 냉큼 '정답'을 손에 쥐여주기보다는 지금까지 배운 지식을 토대로 하여 아이가 스스로 문장을 만들어가는 프로세스를 소중히 해야 한다.

이때도 영어로만 된 모노링궐 사전을 준비해주자.

추천하고 싶은 Writing 교재와 Picture Dictionary는 다음과 같다.

📖 **Book** **Scholastic Success With Writing** (Scholastic)
이것은 원어민 초등학생용으로 제작되었으며, 총 5단계 레벨로 구성되어 있다. 아이의 진도를 참고하면서 사용하도록 하자.

📖 **Book** **Writing Skills** (Flash Kids)
미국 교과서 회사의 스테디셀러 시리즈다. 미국의 초등학교 1~6학년을 대상으로 하므로, 우선은 1학년용부터 시작하자. 1권을 1년에 걸쳐 할 필요는 없다. 아이의 이해 정도를 감안하면서 단계를 높여가면 된다.

📖 **Book** **Word By Word : Picture Dictionary [Second Edition]** (Pearson)

단어가 토픽별/테마별로 나뉘고, 단어를 사용한 다이얼로그도 수록되어 있는 Picture Dictionary이다. 아쉽게도 음성 CD는 없다.

📖 **The Heinle Picture Dictionary (National Geographic**
Book **Learning)**

세계적인 잡지 『National Geographic』의 사진을 이용한 Picture Dictionary이다. 단어가 토픽별/테마별로 구분되어 있으며, 음성 CD도 별도로 구입할 수 있다.

포인트 4 게임으로 재미있게 영어를 배우자

이 무렵에는 다시 한번 '영어를 즐기는' 단계로 돌아가는 것도 중요하다. 공부만 해서는 집중력도 모티베이션도 오래 지속되지 않는다. 그럴 때 반드시 필요한 것이 보드게임이나 카드게임 같은 장난감이다.

JPREP에서도 초등학생들은 다양한 게임으로 놀면서 영어 실력을 키우고 있다. 몇 가지를 소개하면 다음과 같다.

 Pictionary
game 출제자가 주제 '단어'를 보고 그것을 그림으로 나타낸다. 그 그림을 보면서 응답자 모두가 주제단어를 추측하는 게임이다. 예를 들어, 주제단어가 'living room'이라고 하면 응답자들은 "Is it a room?" "Is it a dining room?" 등 출제자에게 질문을 하면서 정답을 찾아간다. 일단 빠른 속도로 영어를 말하는 연습에는 안성맞춤의 게임이다.

Operation (Hasbro)

외과의사가 되어 환자의 몸에서 여러 가지 기관들을 빼내는 게임이다.
자칫 잘못 건드리면 커다란 경보음이 울리게 되어 있어, 긴장되면서도
신나는 게임이다. 단순한 게임이긴 하지만 신체 부위나 기관의 명칭을
외우기에는 그만이다.

MONOPOLY

미국 아이들은 반드시 파이낸스(금융) 수업을 듣는다. 돈에 휘둘리지 않고
돈을 내 편으로 만드는 게임을 영어판으로 즐겨보면 어떨까.

I SPY (Scholastic)

앞에서 소개한 아들과 내가 했던 놀이도 이 게임을 토대로 한 것이다. 그
림 속에 감춰진 것을 찾아내는, 간단하지만 아이들이 무척 좋아하는 놀
이가 가능한 책이다.

영어에도 '규칙'이 있음을 이해한다

— Content Based Approach (10-12세)

열 살까지는 '우리말로 영어를 배우는 것'은 불필요

초등 고학년 정도가 되면, 추상적인 것을 이해하는 힘이 생기게 되고 기본적인 논리를 읽어낼 수 있으며 또 자신의 주장을 표현할 수 있게 된다.

어른의 뇌에 근접해지는 이 시기에, 아이의 논리적 사고력은 무럭무럭 자란다. 그러다 보니 어른이 꾸짖거나 해도, 아이가 의외로 예리한 반론을 제기하여 오히려 어른을 당황스럽게 하는 일도 적잖게 발생하고는 한다.

외국어 학습에 있어서는 이 무렵부터 모국어에 의한 학습이 효과를 발휘한다. 바꿔 말하면 열 살 정도까지는 '모국어에 의한 이해'는 불필요하다는 말이다.

모국어로 쓰인 문법 해설을 읽거나, 단어장이나 사전을 사용해 어휘를 늘려가는 영어학습에는 두 가지 장점이 있다.

① 암시적 지식을 명시적 지식으로 변환할 수 있다
② 학습속도를 고속화할 수 있다.

어려서부터 이 책의 방법을 실천해온 아이라면, 이 단계에서 간단한 영문 정도는 말할 수 있는 게 자연스러운 결과다. 하지만 그 아이는 아마도 자신이 '어떤 규칙으로 영어를 사용하고 있는 지' 잘 설명할 수 없을 것이다.

모국어를 이용한 문법학습은 이처럼 '무심코' 쓰는 암묵적인 규칙을 명시화함으로써 보다 정확한 영어표현을 할 수 있게 된다.

예컨대 원어민 아이들은 '3인칭, 단수, 현재형일 때 동사에 s를 붙인다'는 설명을 들은 후에야 "아, 역시! 이럴 때는 다들 s를 붙여서 말하는구나!"라고 깨닫는다. 이것은 사실 중학교 1학년 때 배우는 아주 초보적인 문법이라는 인식이 있지만, 원어민 아이들조차 제법 클 때까지 s를 붙이는 것을 놓칠 때가 있다.

문법학습에는 초보적 실수를 줄이고 보다 세련된 영어를 길러주는 효과가 있다.

미처 채우지 못한 '빈틈'을 단기간에 채우기 위해서는?

문법학습의 또 다른 장점은 학습의 효율을 높이고 단기간에 표현의 폭을 넓힐 수 있다는 것이다. 외국어의 기초력을 키우기 위해서는 '통째'의 콘텐츠를 '소리'를 통해 대량으로 인풋 할 필요가 있다. 하지만 이 방법으로는 콘텐츠에 포함되지 않은 표현이나 사용빈도가 적은 어휘는 아무래도 놓치기 쉽다.

실제 커뮤니케이션에 등장하는 표현을 빠짐없이 배우기 위해, 영상 등의 콘텐츠를 일일이 다 사용한다면 아무리 시간이 많아도 다할 수는 없다. 그런 '빈틈'을 채워주는 것이 문법서의 역할이다. 어느 정도 기초가 되어 있는 아이라면, 원래의 암시적인 지식을 기점으로 하면서 속도감 있게 문법적인 지식을 흡수할 수 있다.

또 이 시기부터 영어를 시작한 아이에게는 원어민 아이들이 10년에 걸쳐 배우는 지식을 단기간에 학습할 수 있다는 이점이 있다.

그렇지만 그것이 단순히 '중학영어'의 선행학습이 되어서는 의미가 없다. 초등학교 고학년 정도부터 배우기 시작하더라도, 역시 기본은 '소리+통째'이다. 학습시간의 절반은 파닉스 연습과 영상 콘텐츠를 이용한 연습에 투자해야 한다.

문법학습이 자신감을 빼앗지 않도록

문법학습으로 학습시간을 단축할 수는 있지만, 반면에 반드시 주의해야 할 것이 있다. 모국어를 사용한 문법과 단어학습은 자칫하면 '시험을 위한 공부'가 되기 십상이다.

이 또래의 아이는 스스로 '나는 뭘 잘하고 뭘 못한다' 정도는 확실히 깨닫게 된다. 내 아이에게 자신감을 심어줄 수 있는 최고의 기회인 영어가 오히려 아이에게 고통만 주고 자신감을 빼앗는 요인이 되고 마는 사태는 반드시 피해야 할 것이다.

시험에 대해서도 마찬가지다. JPREP에 오는 아이들 중에는 시험을 보고 중학교나 고등학교에 들어간 아이들이 제법 많은데, 그중에는 배울 의욕 자체를 다 써버린 듯한 학생이 있다.

수험공부 프로세스가 그 아이에게서 자신감과 활력을 빼앗아버린 탓일 것이다. 활기가 넘치는 KIDS클래스 아이들과 몇 살밖에 차이가 나지 않는 중학생인데, 어딘지 모르게 지쳐 보이는 그들을 보면 정말 마음이 아프다.

어쨌든 '모국어를 통한 영어학습'은 어디까지나 보조다. 가령 아이가 문법문제를 틀리더라도 "또 같은 문제를 틀렸네?" "이 구문을 이해 못 하는 것 같은데, 괜찮겠어?" "왜 이런 간단한 단어를 못 외워?"라고, 부정적인 것만 들춰서 간섭하지 않도록 주의하자. 부모님의 그런 언행은 사춘기를 맞은 아이들에게는 역효과만 낼 뿐이다.

아이들은 안 그래도 나날의 수업과 시험 속에서 끊임없이 정답을 찾아야 하는 스트레스에 휘둘리고 있다. 중학교에 진학하면 그 압력은 한층 더 높아질 것이다. 현대의 영어원어민이라면 누구도 신경 쓰지 않는 지극히 사소한 실수를 끄집어내는 감점주의가 아직도 버젓이 통용되는 데에는 솔직히 분노마저 느낀다.

이 안타까운 상황이 하루빨리 달라지기를 바랄 따름이지만, 적어도 부모님은 과거의 나쁜 관습에 얽매이지 말고 아이의 좋은 점을 북돋워 주는 자세로, 영어학습의 환경 정비에 힘써주길 바란다.

포인트 1　'산재해 있는 영어두뇌'를 정리하자

JPREP KIDS클래스에서는 음성을 주축으로 기본적인 표현을 한 차례 마스터하는 초등학교 3~4학년이 되면, CEFR B1 또는 TOEFL Junior 수준(고교중급 정도)에 도달하는 아이가 나온다. 우수한 아이는 이 시기에 더 높은 단계를 취득하기도 한다. 이것은 한참 후의 일을 생각하면 상당한 이점이 되지만, 한층 더 실력을 늘리기 위해서는 그 나름의 방법을 연구할 필요가 있다.

한편 영문법을 배운다고 하더라도, 아직 이 단계에서는 중학교나 고등학교에서 배우는 복잡한 내용까지 들어갈 필요는 없다. 지금까지 몸으로 익혀온 것을 정리할 수 있는 초보적인 교재를 선택하도록 하자. 다음의 몇 가지를 이용해보길 추천한다.

📖 **Grammar Third Edition (Jennifer Seidl/Oxford University Press)**
Book

Jenny라는 열 살 여자아이의 이야기를 통해, 문법을 배울 수 있는 4단계의 레벨(Starter/1/2/3)로 된 교재다. 영국영어를 기본으로 하고 있으므로, 미국영어로 배운 아이에게는 약간 낯선 표현도 포함되어 있다.

📖 Scholastic Success With Grammar (Scholastic)
Book

앞에서 소개한 것과 같은 시리즈로, 5단계 레벨이 있다. 구독법, 문장의 종류, 품사 등 학교에서 배우지 않는 문법의 기초부분을 반복적으로 연습할 수 있는 뛰어난 워크북이다. 원어민을 위한 교재이므로, 어른이 도와줄 수 있을 때 사용하도록 하자.

🌐 Grammaropolis (Grammaropolis)
Web

http://grammaropolis.com/

미국 초등학생 대상의 품사학습에 특화된 사이트다. 영상과 게임 등을 무료로 이용할 수 있고 YouTube에서도 동영상을 볼 수 있다. 내용은 조금 어렵게 느껴질지 모르지만, 보는 것만으로도 어느덧 품사의 역할을 알게 되는 재미있는 콘텐츠이다.

포인트 2 ▶ 문법은 '질문을 할 수 있다'를 목표로

영문법을 배우더라도 종이와 연필만으로 하는 공부에서 끝내지 않는 것이 중요하다. 문법 교재를 통해 체계적으로 배운 표현을 이용해서 영어문장 만드는 것을 목표로 하자. 특히 이 단계에서 중점을 둬야 하는 것은 **의문문**이다.

'yes/no'로 대답하는 형식의 이른바 Closed Question은 물론, 5W1H의 의문사를 사용한 질문, 거기에 "How old are you?"라거나 "How long does it take?", "What time is it now?" 등과 같은 일상생활에서 필수인 의문문을 한꺼번에 정리해서 배우는 것이 좋다.

문법을 배우지 않더라도 아이는 자기 자신에 대해 영어로 말할 수 있게 된다. 하지만 일방적으로 혼자 말하는 것만으로는 현실에서의 커뮤니케이션은 성립되지 않는다. 눈앞의 상대에게 관심을 가지고 질문할 수 있다는 것은 인간관계를 구축하는 데 아주 중요한 요소다.

또 상대방이 하는 말을 알아듣기만 해서는 이 역시 진짜 지적인 태도라고 할 수 없다. 특히 'Why?'의 시점은 단순한 어학력에 그치지 않는 의미를 갖는다.

"왜 이 같은 자연현상이 일어나는가?" "왜 이런 역사적 사건이 발생하는가?"와 같은 아카데믹한 호기심을 키워가기 위해서도, '질문력(적절하게 물을 수 있는 능력)'을 기준으로 하면서 아이의 영어 실력을 키워주도록 하자.

포인트 3 좋아하는 영화를 '문장'으로 체험한다

문법을 배우기 시작하면 **Reading 능력**도 향상하게 된다. 어느 정도 분량이 되는 문장을 읽거나 음독할 기회를 만들어 주자.

그렇지만 책(또는 장문)을 읽는 데 필요한 사전 지식이 없는 상태에서 갑자기 상당량의 문장이나 책을 읽게 한다면, 아마도 아이는 좌절할 가능성이 커질 것이다.

그래서 추천하고 싶은 것이 영화화된 대중성 있는 콘텐츠다. 예를 들어 영화 『해리포터와 마법사의 돌』을 본 아이라면, 문장으로도 이해할 수 있는 부분이 여러 장면 나올 것이다.

실제로 『스타워즈』 시리즈의 왕팬인 아버지와 함께 영화나 책을 보는 동안, 등장인물의 대사를 암기해버린 학생이 JPREP에도 있다.

다음에 제시한 책은 영상화된 것들로, 우리말 서적으로도 번역 출판된 것들이다.

한 권 전체를 다 읽지 못하더라도 걱정할 필요는 없다. 스스로 페이지를 넘겨 가면서 "오, 그럭저럭 읽겠는데!"라는 경험을 하게 하는 것이 훗날의 학습태도를 크게 좌우하는 자신감으로 이어진다.

📖 Book **Harry Potter : The Complete Collection (J.K. Rowling/ Bloomsbury Publishing)**

널리 알려진 『해리포터』 시리즈 7권 세트인 오리지널 영국영어판이다. 만일 단어나 표현에 편집을 더한 미국영어판을 원한다면, 6권 세트인 『The Harry Potter Collection : Years 1-6』 (Scholastic)을 구입하면 된다.

📖 Percy Jackson and the Olympians (Rick Riordan/Disney-Hyperion)
Book

『퍼시 잭슨과 올림포스의 신』 시리즈는 5권 세트로 판매되고 있다. 그리스 신화에 관심이 많은 자신의 아이를 위해 원작자가 쓴 작품이다. 신화에 대한 교양은 문화인류학의 기초가 되기도 하므로, 교양 교육의 계기로는 절호의 책이다.

📖 The complete Chronicles of Narnia (C. S. Lewis/HarperCollins)
Book

시리즈의 3편까지 이미 영화화된 『나니아 연대기』의 원작이다. 여러 출판사에서 여러 버전으로 발매하고 있다. 신비로운 옷장과 연결되어있는 '나니아'라는 마법의 세계로 떠나는 네 남매의 성장을 그린 모험 이야기다.

📖 Charlie and the Chocolate Factory (Roald Dahl/Puffin Books)
Book

팀 버튼 감독, 조니 뎁 주연으로 화제가 되었던 『찰리와 초콜릿 공장』의 원작이다. 영국에서 인기 아동문학 작가인 로알드 달의 작품은 그 밖에도 『James and the Giant Peach』 『Big Friendly Giant』 등이 영화화되었다.

포인트 4 '편지와 기부'로 사회문제에도 눈을 돌리게 한다

초등 고학년 정도가 되면, 세계 여러 나라와 문화에도 관심을 갖기 시작한다.

그럴 때는 "나랑 같은 또래의 아이들이 어떤 생활을 하고 있을까?" "내전(분쟁) 속에 있는 아이들을 위해 무엇을 할 수 있을까?"

등에 대해서 부모님과 함께 대화를 나눠보는 것도 좋다.

그때 검토하면 좋은 것이 개발도상국의 아이를 지원하는 활동에 참여해보는 것이다. 금전기부나 물자기부 등 방법은 여러 가지가 있다. 용돈 중에서 다만 얼마라도 기부한다면, 해외뿐 아니라 더 폭넓게 사회에 관심을 갖는 계기가 될 것이다.

그중에서도 특히 추천하고 싶은 것은 현지 아이에게 편지를 보내는 프로그램이다. 아이가 자발적으로 영어를 '쓸' 기회가 될 수도 있고, 혹 그것을 계기로 편지를 주고받게 된다면 아이는 자신의 많은 것을 전달하고 싶어질 것이다. 세계의 역사와 문화, 정세 등에 흥미를 갖는 실마리가 될 수도 있다.

'영어를 배우는 이유'는 무엇보다 아이 자신을 위한 것이지만, 힘들게 익힌 영어 실력을 활용해 '타인을 위해 무엇을 할 수 있을까?' '국제사회에서 어떻게 살아갈까?'라는 관점에서 다시 생각해보는 것도 중요하다.

'입시에 합격하기 위해서'가 전부인 아이는 배움 그 자체를 즐길 수 없다. 그리고 시험이 끝나는 순간 배움을 그만두고 만다. 하지만 아이들이 앞으로 살아갈 시대에 정말 필요한 것은 단순히 폭넓은 지식을 쌓아두는 것이 아니라 일생에 걸쳐 배운다는 자세와 의욕을 갖는 것이다.

그저 영어를 아는 것만으로 끝나지 않도록, 아이가 꼭 넓은 세계로 시선과 관심을 돌릴 수 있게 하자.

⊕ Free the Children
Web

http://www.ftcj.com

1995년, 캐나다인 크레이그 킬버그 씨(당시 12세)가 설립한 국제협력단체
이다.

▢ Who is Malala Yousafzai? (Dinah Brown/Penguin Random
Book House)

2014년, 열일곱 살에 노벨평화상을 수상한 말랄라 유사프자이의 전기.
현재는 옥스퍼드대학에서 공부 중인 말랄라 씨는 파키스탄에서 여성의
권리를 주장한 결과 생명을 위협받는 상황이 되고 말았다. 같은 세대의
삶의 방식을 생각하는 데 좋은 자극이 될 한 권의 책이다.

Chapter 07

'영어로 생각하는 힘'을
키우는 최고의 서포트

영어 실력을 폭발시킬 기회!

중고등학생 때부터 제2 언어학습을 시작한 아이와 그보다 일찍 시작한 아이를 비교할 때, '발음' 면에서는 최종 도달 수준에 차이가 있다는 것이 여러 연구에서 명백해졌다. 이 같은 견해는 유학에 대해서도 마찬가지다. 예컨대 대학 학부시절에 1년간 유학한 사람보다, 고등학교 때 유학을 경험한 사람의 발음이 더 좋아지는 경향이 있다.

하지만 <u>중학생 이후에 영어를 시작하면, 학습시간을 '단축'할 수 있다는 장점이 있다.</u> 이 시기에는 모국어 능력이 일단 성숙단계를 맞이하므로, 이를 토대로 하여 영어 실력도 단번에 끌어올릴 수 있다.

어느 정도의 논리적 사고력이 생긴 아이라면, 구문은 물론이고 품사의 종류나 발음기호 그리고 추상적인 어휘까지, 원어민 아이들이 10년 이상에 걸쳐 이해한 지식을 극히 단기간에 배울 수도 있다.

그러므로 중학생 때부터 본격적으로 영어를 시작했다는 아이라도 포기할 필요는 없다. 방법만 틀리지 않는다면, 유소아기부터 학습을 시작한 아이를 얼마든지 따라잡을 수 있다.

그런가 하면 그때까지 '소리'나 '영상'을 이용해 공부해온 아이도 영어 실력을 폭발적으로 높일 기회이기도 하다. '어차피 문법 따위……'라며 경시하지 말고, 아이가 적극적으로 공부에 임할 수 있는 환경을 만들어 주도록 하자.

중학교 진학과 동시에 '영어혐오'의 아이가 급증한다

이 시기에 재차 조심해야 할 것은 영어를 싫어하게 만들면 안된다는 것이다.

어느 조사[7]에 나오는 「좋아하는 교과 및 활동 랭킹」을 보면, 초등학생의 경우에는 '외국어 활동'에 대한 인기가 3위로 그럭저

---

7   베넷세종합연구소 「제5회 학습기본조사 DATA BOOK」

력 괜찮았던 것에 비해, 중학생의 경우 '영어'가 최하위를 차지했다(2015년 시점).

이 데이터에 따르면, 초등학생 단계에서는 '아주 많이 좋다, 좋다'의 합계가 77.6%로 상당히 많은 아이가 '외국어 활동'을 즐기고 있다는 사실을 알 수 있다. 하지만 중학생의 경우, 영어를 '좋다, 어느 정도 좋다'라고 답한 학생의 합계는 50.4%. 이는 곧 약 절반의 아이가 '영어를 좋아하지 않는다'고 느낀다는 것이다.

무조건 정답이냐 오답이냐에만 포커스를 맞추는 수업과 시험 그리고 성적이, 한창의 사춘기 아이들을 '영어혐오'로 몰아가고 있을 가능성이 높다.

만약 초등학교에서 '영어'가 필수과목이 되어 중학교와 같은 일이 반복된다면, 사태는 절망적일 수밖에 없다.

아이가 영어를 꾸준히 즐길 수 있도록, 다음의 네 가지를 주의해주기를 부모님과 선생님들께 부탁하고 싶다.

① 아이가 관심을 가질 수 있는 교재와 소재를 제공한다.
② 책상에서의 공부를 강요하지 않는다.(영어는 소파나 침대에서도 얼마든지 가능하다!)
③ 페이퍼 공부를 강요하지 않는다.(디지털 디바이스는 우수한 학습도구다!)

④ 취미와 관심을 토대로 한 영어체험을 권장한다.

이 시기의 아이는 약간 방임하는 정도가 딱 좋다! 아이를 향한 애정을 '조용한 신뢰'의 형태로 표출하도록 하자.

탑클래스의 우수한 아이들을 많이 봐온 경험에 비춰보더라도, **신뢰를 바탕으로 지켜봐 주는 것**이야말로 사춘기 아이를 가진 부모의 '최대의 무기'라고 단언할 수 있다.

여기서 한 가지만 더 말하자. 만일 학교나 학원의 구태의연한 '영어 수업'을 받음으로써 아이가 자신감이나 모티베이션을 잃어가는 것 같거든, 부모님은 "네가 집에서 해온, 그리고 지금 하는 영어학습은 틀리지 않아!"라고, 아이에 대한 신뢰와 격려를 아낌없이 주어야 한다.

학원에서 학생들의 발음을 아무리 꼼꼼하게 교정해줘도, 다음 주면 어김없이 틀린 기존의 발음으로 돌아와 있는 아이가 반드시 있다. 본격적인 영어 발음으로 말하는 것이 부끄럽기에 친구들 앞에서 차마 하지 못하고, 결국 선생님과 친구들의 발음을 쫓아가기 때문이다. 주위의 시선이나 동조압력에 지지 말고, 그때까지 축적해온 영어의 기반을 유지하기 위해서는 부모님의 격려가 반드시 필요하다.

TOEFL, TOEIC…… 어학자격은 어떤 게 베스트일까?

영어를 싫어하지 않을뿐더러 아이가 영어에 자신감을 느끼게 하고 영어를 좋아할 수 있도록 지원하는 것도 중요하다. 그를 위해 검토하면 좋은 것이 어학 능력 평가시스템이다.

정기적으로 시험을 치르게 함으로써 자신의 영어 실력이 어느 정도 위치에 와있는지, 어느 정도 성장했는지를 평가할 수 있도록 한다. 일종의 게임 공략처럼 즐길 수 있다면, 학습의 모티베이션 유지와 향상에도 효과적일 것이다.

일부 특정 대학에서는 이미 어학 능력 테스트의 결과를 '영어 특기자전형'이라는 제도를 통해 입시에 반영하고 있다. 또한 외국의 대학으로 유학을 계획하고 있는 아이라면, 특히 TOEFL 등 국제적 테스트 점수를 꾸준히 관리할 필요가 있다. 대학입시라는 머잖은 미래를 생각하더라도, 자격시험을 치러보는 경험은 장점으로 작용하기에 충분하다. 몇 가지 대표적인 어학시험을 보도록 하자.

◆ TOEFL

세계 최대의 테스트 기관인 ETS(Educational Testing Service)가 개발한 테스트 시리즈다. 테스트는 모두 영문영답이며, 결과는 점수로 표시된다(합격, 불합격이 아님). 대표격인 TOEFL iBT 외에도 초·중학생 대상의 'TOEFL Primary', 중·고등학생 대상의 'TOEFL Junior'가 있는데, 후자에 대해서는 해외에서만이 아니라 국내의 일부 대학입시에서도 활용되기 시작했다는 점이 매력이다. 미국의 학교로 유학할 경우에는 영어 실력의 지표로 활용된다.

우선은 2기능(듣기, 읽기)에 포커스를 맞춘 페이퍼 베이스의 TOEFL Primary Step1/Step2를 치러보고, 점수를 보면서 TOEFL Junior Standard(페이퍼 베이스 2기능)와 TOEFL Junior Comprehensive(컴퓨터 베이스 4기능)로 스텝 업 해가는 것이 바람직하다.

◆ TOEIC

마찬가지로 ETS가 운영하는 국제적 테스트로 지명도가 높다. 어디까지나 비즈니스 대상의 영어시험이지만, 입시에 일부 도입하고 있는 대학도 있다. 4기능형 시험도 가능하지만, 대다수의 사회인 수험자는 2기능형을 선택한다. 흔히 "부장승진을 하려면 730점 필수!"를 요구하는 기업별 기준도, 아쉽지만 2기능형 테스트에 기초한 경우가 대부분이다.

◆ IELTS

대학과 그 외 고등교육기관 유학에 필요한 'Academic Module', 일상생활, 업무, 이민 관련의 'General Training Module' 두 종류로 나뉘어 있는 테스트다. 영국이나 오스트레일리아, 캐나다 등의 대학에 진학하기 위해서는 'Academic Module'이 필요하다.

'좋은 학원'을 고르는 7가지 포인트

환경 만들기가 힘들 경우에는 학원 등 외부교육 기관을 이용하는 방법도 검토해보자. 어디선가 "학원에 보내는 것이 낫다? 결국 자기 학원 선전하는 거였어?"라는 목소리가 들릴 것 같지만, SLA의 모티베이션 이론에서도 '친구의 존재'는 중요한 요소로 작용한다고 보고 있다. 즉, 아이는 친구와 함께 절차탁마하는 분위기 속에서 모티베이션을 유지하기가 수월하다[8].

'프로의 손을 빌린다'는 옵션은 아이의 영어 실력을 효율적으로 성장시키기 위한 베스트 중의 베스트다. 무엇보다 나 역시 그렇게 믿고 있기에, '영어교육의 프로에 의한 지도가 가능한 장소'를 실제로 만들었던 것이다.

그런 의미에서 여기에서는 '제대로 된 영어학원'을 고를 때 내 나름의 7가지 기준을 소개하고자 한다. 체험학습이나 설명회를 들을 때 참고하면 좋을 것이다.

① 소리를 기본으로 하는 교육을 중요시하고 있는가? : 문법 편중의 학교 수업을 위한 '선행학습'을 하는 곳이라면, 장기적으로는 플러스 영향을 기대할 수 없다. 커리큘럼에 음성학습이 편성되어 있는가를 확인하자.

② 내국인 강사가 있는가? : 내국인의 발음습관이나 아이의 학교생활을 이해할 수 있는 지도자는 꼭 필요하다.

③ 영어원어민 강사가 있는가? : 없는 경우, 애당초 운영진 측에 외국인 강사를 관리할만한 영어 실력이 없을 가능성마저 있다.

---

8   Ryan & Deci, 2000; Noels et al., 200

④ 학년별로 분반을 하진 않았는가? : 학생 한 명 한 명의 영어 실력에 포커스를 맞추고 있는 학원은 간단히 '학년별'로 반을 구분하지 않고 '실력별'로 분반한다.

⑤ 수업시간의 길이는 충분한가? : 식견이 있는 지도자라면 주 1시간 정도의 수업으로는 부족하다는 것을 알 것이다.

⑥ 숙제와 피드백은 충분한가? : 가정에서의 학습을 어느 정도 중시하는가를 나타내는 지표가 된다. 숙제를 내주기만 하고 제대로 체크도 하지 않는 것 또한 무책임하다.

⑦ 학교 성적에도 플러스가 되는가? : 아무리 '영어 실력이 향상된다'고 자랑해도, 학생의 성적이 올라가지 않으면 의미가 없다. 일정 금액의 돈을 내는 이상 '결과'에 대한 책임을 의식하고 있는 학원을 골라야 한다.

영어의 '모든 문법'을 마스터한다
— Grammar Based Approach (12-15세)

'영문법에 6년'이라니, 시간낭비다

모국어 능력이 일정 수준에 다다른 중학생 정도의 시기에, 문법 같은 논리적인 학습이 유효하다는 것은 이미 언급한 대로다.

우리말 어휘력, 문장 구성력, 독해력과 보조를 맞추면, 영어의 학습기간을 간단히 단축할 기회를 얻게 된다. 더욱이 여기에서 말하는 '문법'이란 고등학교 학습범위도 포함하는 것으로, 요컨대 대학입시에도 대응이 가능한 영문법을 뜻한다.

"예? 그건 중학생한테는 좀 무리가 아닐까요?"

중고등학교 6년을 들여 문법을 한결같이 배워온 어른 입장으로 보면, 그런 인상이 들지 모르겠다. 하지만 이 시기 아이들의 학습 능력을 경시해선 안 된다.

옛날의 학교교육이 '관계대명사는 중학생, 관계부사는 고등학생'이라고 멋대로 정했을 뿐, 중고등학교 범위를 구분하는 것은 애초에 언어의 본질과는 거의 관계가 없다.

문법이란 어차피 문장을 만들 때의 규칙. '고교생은 이해할 수 있지만, 중학생은 이해 못 한다'는 건 어불성설이다.

오히려 문법학습 그 자체는 딱히 재미있는 것은 아니라서, 시간을 들여 지리멸렬하게 하느니 단기간 집중해서 끝내버리고 나머지는 실제로 영어를 사용해보고 음미하면서 차분히 정착시켜 가는 편이 학습전략으로서도 좋다.

다만, 시험에서 점수를 얻는 데 필요한 문법 지식과 실제로 영어를 사용할 때 도움이 되는 문법 지식은 다르다. 그리고 어느 쪽에 주축을 둘 것인가에 따라 학습어프로치는 크게 달라진다. 시험대책도 중요하지만, 그래도 우선은 후자에 포커스를 두어야 한다.

실제로 나는 중학교 3년 안에 기본적인 문법을 모두 마스터하도록 커리큘럼을 설계하였다.

학교 교과와는 완전히 다른 방법으로 진행되기에 처음에는 많이 놀라지만, 최종적으로 학교의 정기시험에서 어려움을 겪는 아이는 없다. '실천을 위한 영문법'을 단번에 배워두면, 시험 직전의 대책은 최소한으로 해도 충분하다. 이것은 JPREP의 학생들을 통해 이미 실증이 끝난 상태다.

조기에 문법을 마스터해두면 왜 좋을까?

중학생 때 기초적인 문법을 마스터해두면 좋은 점은 무수히 많다.

무엇보다 먼저 고등학생이 되었을 때, 대학입시를 위한 시험 공부가 압도적으로 편해진다. '영어' 시험을 위한 대책이 대부분 불필요하므로 공부시간을 다른 과목에 할애할 수 있다. 수험생에게 '영어'는 공부시간을 가장 많이 먹는 과목 중 하나일 것이므로, 그 부담이 줄어든다는 것은 엄청난 장점이다.

외국 대학으로의 유학을 생각한다면 더더욱 그렇다. 영어의 기본적인 실력을 대전제로 하면서, 그 대학에서 요구하는 조건(사고력, 문장력, 학창 시절의 활동경력 등)에 초점을 맞춰 준비하는 것이 이상적이다.

또 중학교 때 문법의 기반이 완성되면, 고등학교 이후에는 Listening이든 Reading이든 대량의 영문을 소화할 수 있게 된다. 즉, '영어를' 공부하는 것 때문에 좌충우돌하지 않고 '영어로' 공부하는 것에 몰두할 수 있다는 말이다.

영어가 됐든 국어가 됐든 자기가 좋아하는 분야에 관해 스스로 책을 골라 읽고 조사하는 경험을 하지 않는 한, 진정한 의미에서의 '명석함'은 자신의 것이 되지 않는다. 대학생이 될 때까지 시험문제나 교과서에 나오는 어중간한 '장문' 밖에 읽은 것이 없다면, 너무 아쉽고 씁쓸하기까지 하다. '진정한 지성을 위한 영어 실력'을 아이가 갖기를 원한다면, 이 시기에 문법을 한 차례 마스터하게 하자.

중학교 이후에는 '섀도잉'이 최강인 이유

아이가 영어학습을 시작한 나이가 늦어질수록, 문법 같은 명시적 지식에서부터 접근하는 것이 유용하다. 이미 성장해있는 모국어의 이해력을 지렛대 삼아, 일찍이 학습을 시작한 아이들을 따라잡을 수 있다.

단, 문법학습은 어디까지나 시간 단축을 위한 보조수단일 뿐 진정한 의미에서의 실력으로는 부족하다는 사실을 명심해야 한다. 기존의 수험영어를 위한 두뇌가 되지 않기 위해서는 음성과 영상을 사용한 연습시간을 동시에 확보할 필요가 있다.

중학생 이후의 학습에서도 주축이 되는 것은 '소리'다. 중학교 때 처음 영어를 접한 아이라도 우선은 파닉스를 철저하게 해두어야 한다. JPREP의 핵심 커리큘럼은 1회 수업이 3시간으로 긴 편인데, 문법에 할애하는 것은 1시간 정도다. 나머지 시간은 '소리'의 학습이 중심이다.

그래서 중학교부터 본격적으로 영어를 시작한 아이에게 반드시 추천하고 싶은 것이 섀도잉이다. 이 방법은 특히 영상 교재와 결합하면 효과적이다.

이것은 어른의 어학 학습에서도 이미 정평이 난 학습법인데, 다시 한번 설명한다.

섀도잉이란 음성이 들려옴과 동시에 그것을 따라서 입으로 말하면 되는 아주 단순한 트레이닝이다. 말은 '동시'라지만 다소 늦어지므로 그야말로 그림자(shadow)처럼 소리를 쫓아가는 형식이다.

그냥 입으로만 따라 하는 것이 아니라, 말하는 방법이나 감정의 재현도 의식하면 보다 효과적이라는 것이 증명되었다. 어느 정도 파닉스의 기초가 되어 있고 초급문법이 정착되면 반드시 도전해보길 바란다.

처음에는 영문텍스트와 음성 CD가 한 세트로 되어 있는 교재부터 시작하는 것이 좋다. 가능하다면 음성 중간에 일정한 정지시간이 설정되어 있고, 텍스트 역시 슬러시 등으로 끊어 읽기를 위한 구분이 되어있는 것을 추천한다.

다음의 6가지 스텝은, 중학생 때부터 영어를 배우기 시작한 학생을 지도할 때, 섀도잉에서 내가 특히 강조하는 방법을 토대로 하여 작성한 것이다.

① 포인팅 : 자연스러운 속도의 음성을 들으면서 영문텍스트를 손가락으로 따라 짚어간다. 의미를 모르더라도 신경 쓸 필요는 없다.
② 리피팅 : '속독 트레이닝'을 위한 슬러시 처리된 텍스트를 보면서 음성을 재생한다. 정지시간에 영문을 소리 내어 반복한다.(필요에 따라 여러 차례 반복)

③ 해설 읽기 : 영문의 해설은 다 몰라도 괜찮다. 또 해설이 이해 안 갈 때를 제외하고 영문의 우리말 번역은 읽지 않도록 한다. 영어를 영어인 채로 이해하는 것이 목적이므로 우리말 번역을 생각할 필요는 없다.

④ 오버래핑 : 이른바 '동시에 읽기'이다. 영문텍스트를 보면서 자연스러운 속도의 음성을 재생하고, 음성과 같은 속도로 동시에 음독한다. 영어음성과 같은 리듬과 억양으로 발음하도록 한다.

⑤ 섀도잉 : 정지시간이 설정된 음성을 재생하면서, 텍스트를 보지 않고 들리는 음성을 거의 동시에 복창한다.(필요에 따라 여러 차례 반복)

⑥ 리플렉션 : 복습하기다. 막힌 부분이나 잘 말하지 못한 곳, 그리고 잘 이해하지 못한 부분을 다시 한번 복습하도록 한다. 만일 모르는 단어가 있으면 사전으로 의미를 찾아본다. 문법 항목을 이해하지 못했을 때는 학교 선생님께 질문해서 해설페이지 여백에 메모한다.

'영상×음독연습'으로 영어두뇌를 만든다

앞에 소개한 방법에 차츰 익숙해지면, 음성뿐만 아니라 동영상을 사용한 섀도잉을 연습하도록 하자.

어학력이란, 특정한 '상황이나 개념'과 '언어(어휘와 문법)'의 대응 관계를 자기 안으로 받아들여, 그것을 구성하여 재표현하는 능력이라 할 수 있다. 그것을 제2 언어로 획득하기 위해서는 이미 설명한 '아기의 언어학습법'이 힌트가 된다. 다시 한번 짚어보자.

① 일정한 '상황'을 '눈'으로 보면서,

② 변화하는 '소리'를 '귀'로 듣고,

③ 동시에 '발성'을 '입'으로 실현한다.

이 세 가지를 동시에 충족하는 영상 섀도잉은 그야말로 최강의 어학학습법이다. 아이뿐만 아니라 부모님도 꼭 시도해보자. 그 효과에 놀랄 것이다.

영상 섀도잉을 할 때는 다음의 세 가지에 주의하자.

① '모른 채' 연습하지 않는다.

앵무새처럼 따라 하기만 해서는 섀도잉의 효과를 최대한으로 발휘할 수 없다. '콘텐츠는 학습자가 이해할 수 있는 것인가?'가 중요한 포인트다.

그러므로 영상에서 무슨 말이 오가는지를 미리 한번 훑어보거나, 대충의 의미를 조사한 후에 연습하는 것이 학습효과를 높일 수 있다. 이해하기 어렵다고 느껴지면, 우선은 우리말 자막이나 음성으로 콘텐츠의 흐름을 대강 파악하는 것이 좋다.

② '동일한 콘텐츠'로 반복한다.

긴 영상을 그냥 멍하니 바라보거나 이것저것 소재를 바꾸지 말고, 연습용 장면(30초 정도)을 정해서 그것을 여러 차례 다른 어프로치로 공부하는 스타일이 좋다. 반복함으로써 영어의 입(=발음의 양호)과 귀(=Listening)를 동시에 단련할 수 있다.

③ '흉내 내기'를 한다.

가능한 한 해설자나 등장인물의 말투를 재현하도록 하자. 아이를 키워본 사람은 이제 막 말을 배우기 시작한 아이가 엄마 말투를 그대로 따라 해서 깜짝 놀란 경험이 있을 것이다. 언어를 정확히 배우기 위해서는 그냥 소리를 따라 하는 것만으로는 안 된다. '마치 그 사람이 된 것처럼' 목소리를 내는 것이 중요하다.

전과는 달리 우리는 뉴스나 다큐멘터리, 영화, 애니메이션, 뮤직비디오 등 온갖 영어 영상에 액세스할 수 있게 되었다. 텔레비전 프로그램이나 DVD뿐만 아니라, 인터넷을 이용하면 아이가 관심을 가질만한 영상을 간단히 찾을 수 있다. 게다가 어학 학습 관점으로 보면, 얼마든지 반복해서 시청할 수 있다는 것도 매력적이다.

'해외여행' '호스트 패밀리'도 멋진 환경 만들기

중학생 정도 되면, 부모님과 함께 영어 배우는 걸 싫어하는 아이가 더 많을 것이다. 그럴 때 부모님은 어설피 간섭하거나 하지 말고 환경과 기회를 만들어주는 데 집중하도록 하자.

그런 가정에게 **영어권으로의 해외여행**은 멋진 아이디어라고 생각한다. 우리 딸도 반항기였을 때는 부모랑 같이 외출하기도 싫어했는데, 그래도 가족여행만큼은 좋아했던 것 같다. 당시는 그런 모습을 보면서 그나마 다행이라고 안도하곤 했던 기억이 난다.

본격적으로 영어수업이 시작된 타이밍에 아이가 '외국에서 내 영어가 통했다!'라는 체험을 할 수 있다면 그보다 좋은 경험은 없을 것이다. '역시 공부하길 잘했어!' '앞으로 더 열심히 해야지!'라는 결심은 학습의 모티베이션과도 직결된다.

하지만 비용이나 스케줄을 생각하면 좀처럼 해외여행을 떠날 수 없는 것이 현실이다. 그럴 때는 **'호스트 패밀리'**라는 것을 검토해보면 어떨까.

하지만 국내에서는 해외에서 온 유학생을 받아 홈스테이를 하는 가정이 의외로 적다. 지자체나 학교에서도 모집정보를 내고 있고, 인터넷상에서는 유학생과 국내가정을 연결해주는 서비스도 있다.

내가 열네 살 때, 야마가타에 계시는 백부님 댁에서도 미국인 유학생을 받으신 적이 있다. 펜실베이니아주에서 온 데이비드라는 의대생이었다. NHK 라디오로 익힌 영어 실력을 총동원하여 그와 처음 대화를 나눴을 때는 정말이지 감동 그 자체였다.

외국인을 볼 기회조차 거의 없던 시골이었으므로, 친척들을 통틀어 미국인과 이야기한 경험이 있는 사람은 아무도 없었다. "어이, 준이 영어로 말을 하고 있어!"라고 소란을 피우며 놀라는 가족들의 모습에 내 자신이 그렇게 자랑스러울 수가 없었다. 데이비드 씨가 집에 머무는 동안 내가 모두의 통역을 도맡았었다. 당시의 경험이 나에게는 크나큰 자신감으로 이어졌다는 것은 두말할 나위도 없다.

'지방의 공립중학교'에서 '예일대'에 간 공부법

어쨌든 이 책의 방법은 학교 영어에 포커스를 맞춘 것이 아니므로, 특히 이 시기의 자녀가 있는 부모님 중에는 "학교 수업과 관계가 없는 것을 하면, 시험 점수나 성적이 떨어지지 않을까요?"라고 걱정하는 분도 있을지 모른다.

이미 언급했듯이 사춘기 아이는 '다소 방임'이 좋다는 것이 내 개인적인 생각이지만, 아무래도 이 같은 걱정으로 아이의 학습에 간섭하고 싶은 부모님도 있을 것이다. 그런 분들에게 안심하라는 의미에서 내 학창 시절의 경험을 조금 얘기해보고자 한다.

내가 본격적으로 영어를 공부하기 시작한 것은 중학교 2학년 때의 일이다. 맨 처음 했던 것은 NHK 라디오의 「속 기초영어」와

「영어회화」라는 두 개의 프로그램을 듣는 것이었다. 그렇지만 문제집을 풀거나 하진 않고, 일단 음성을 복창하고 질문에 대답하는 아주 간단한 연습을 했을 뿐이다.

지금 생각하면, 음성에 포커스를 맞춘 연습을 집중적으로 했던 것이 결과적으로는 아주 좋았다고 생각한다. 그것을 1년에 걸쳐 계속한 결과, 중학교 2학년 말 무렵에는 중학교 3학년까지의 학습범위를 모두 마스터할 수 있었다.

그래서 중학교 3학년 때 시작한 것이 영어판 「Newsweek」의 다독이었다. 이것은 시립도서관에서 우연히 보게 된 마츠모토 미치히로 선생의 『「타임즈」를 읽다─살아있는 영어학습법』의 영향이었다. 저축해두었던 용돈으로 6개월 정기구독을 신청하고, 집으로 매주 배달되도록 했다.

1주일에 한 편씩 기사를 정해서 사전을 찾아가며 읽도록 했지만, 역시 중학생의 영어 실력으로 전부를 이해하기란 어려웠다.

'had+과거분사'의 과거완료형 같은 모르는 문법 항목이 나오면, '이건 아마 현재완료형(have+과거분사)의 변형인가 보구나……'라고 짐작하면서 읽어내렸다. 그때도 읽은 영문을 우리말로 번역하지 않았는데, 장기적으로 봤을 때 아주 잘한 일이었다. 영어를 영어인 채로 이해하는 습관이 그때 몸에 뱄기 때문이다.

'잘 모르는 텍스트를 잘 모르는 채로 대량으로 읽는' 습관의 효과는 고교생이 되어서 일시에 만개하였다. 과거완료나 가정법 과거완료 같은 대학수험용 문법 항목에 대해 수업 시간에 설명을 들으면, (명시적인 형식은 아니더라도) 이미 그것들에 대해서는 충분히 접해보았으므로 이해하는 데 별 어려움이 없었다.

고1 때 수험대비 기초문법은 독학으로 끝내버렸기 때문에, 고2 이후에는 계속 「Newsweek」를 읽으면서 동시에 문학작품의 원서를 읽고, 나보다 일찍 유학을 간 친구가 보내준 미국의 역사 교과서에도 도전하였다.

내가 다녔던 학교는 지방의 공립중고등학교로, 다른 특별한 교육을 받은 적이 없다. 다만 소년 사이토 준이 했던 것은 학교 영어나 수험대책의 흐름과는 다른 (오히려 완전 반대의) 학습법이었다. 하지만 지금 돌이켜볼 때 다행이었던 것은 그것들이 SLA에서 제창해온 원리에 비춰보더라도 상당히 합리적인 방법이었다는 것이다.

그 결과 대학시험에서 영어로 고생하지 않아도 되었고, 항상 믿음직한 득점원이 되어주었다. 그 후 미국으로 유학하여 박사학위를 취득하고 교단에까지 설 수 있었던 것은 중학교 2학년 때부터 시작한 '적절한 공부법' 덕분이 아니었을까 생각한다.

영상 섀도잉을 할 때, 이해하기 쉬운 것을 우선시한 나머지 너무 유치한 콘텐츠를 고르는 실수를 범할 수 있다. 아이가 흥미를 갖지 못할 '쉬운' 콘텐츠를 고르기보다는 <u>다소 이해하기 어려운 구문이나 어휘가 포함되었더라도 아이가 즐길 수 있는 것을 고르도록 하자.</u>

해외의 사이언스 프로그램이나 다큐멘터리 등 이른바 논픽션 콘텐츠가 더 좋지만, 그것이 좀 어렵다 싶을 때는 영화나 드라마 혹은 디즈니랜드 등의 애니메이션도 상관없다.

그 외의 콘텐츠 선택기준으로는 **자막이나 스크립트** 교재가 있는지 없는지도 중요하다. CD 교재와는 달라서 섀도잉 학습용으로 재편집된 영상은 아쉽지만 아직 없다. 영상을 선택할 때는 연습하기 쉬운 콘텐츠인가 아닌가도 점검하자.

다행히 미국에서 제작된 콘텐츠 대부분에는 청각장애인에 대한 배려로 **영어자막**(클로즈드 캡션, 통칭 크게 CC라고 한다)이 첨부되어 있다. DVD 외에도 Hulu나 Netflix, Amazon 비디오 같은 온라인 배포의 영상 콘텐츠에도 CC에 대응하고 있는 것이 상당수 있다.

CC를 활용하여, 영상 섀도잉을 다음의 4단계를 밟아가며 실행해보자.

① 먼저 영상 전체를 '자막 없이 영어음성'으로 시청한다. 개요를 파악했다면 30초 정도의 연습용 장면을 고르자(장면이 등장하는 시간을 메모한다).

② '영어자막'으로 그 장면을 본다. 스크립트가 있을 때는 영상과 병행하여 손가락으로 짚어가면서 영문을 확인(포인팅). 자막이나 스크립트가 없을 때는 반복해서 듣고 가능한 한 영어를 알아듣도록 한 뒤, 영문을 받아적는다. 자신이 없을 때는 원어민이나 학교 혹은 학원 선생님에게 상담하자.

③ 영어자막이나 스크립트를 보면서 연습용 장면의 영상과 함께 소리를 내어 '동시에 읽기' 연습을 한다. 자막, 스크립트가 없을 때는 받아적은 텍스트를 사용하자.

④ 연습용 장면을 재생하면서 섀도잉을 한다. 자막이나 스크립트의 글자는 안 보도록 하고, 들린 소리를 거의 동시에 따라 하는 연습을 하자. 처음에는 어려워도 몇 번 반복하다 보면 익숙해진다.

여기까지가 기본 메뉴인데, 중요한 것은 화면 앞에서의 연습만으로 끝내면 안 된다는 것. 이때 발전형 연습으로 다음의 방법을 추가해 보자.

⑤ 평소 생활에서 연습용 장면의 영상을 떠올리며 영문을 소리 내어 말해보자. 물론 영상도 텍스트도 보지 않는다. 학교 가는 길에서도 좋고, 전철이나 버스 안처럼 주위의 시선이 의식될 때는 소리를 내지

않더라도 마음속으로 중얼거려봐도 좋다.

⑥ 연습한 영문을 응용하자. 영문의 일부를 '발음이 비슷한 단어'로 바꾼 문장(영어로는 pun이라고 한다)을 말해보기도 하고, 자신을 표현하는 데 사용해보기도 한다. 다시 말하지만 이런 연습을 반복할 때 중요한 것은 통하느냐 안 통하느냐 또는 문법적으로 완벽한가 아닌가는 신경 쓰지 말고 일단 소리 내어 말해보는 것이다.

마지막으로 추천하고픈 섀도잉 교재와 소재다. DVD는 모두 디즈니의 콘텐츠인데, 아이가 보거나 들어서 좋지 않을 말이나 묘사는 배제된 것들로 아이들 학습에 안심하고 사용할 수 있다.

⊙DVD **Wizards of Waverly Place Movie**

디즈니 채널의 「Wizards of Waverly Place」 시리즈를 토대로 한 영화다. 견습생 마법사 3형제가 마법사인 아버지로부터 수업을 들으며, 어엿한 마법사가 되기 위해 하루하루 격전을 벌이는 이야기다.

⊙DVD **High School Musical**

텔레비전의 인기 시리즈로 고등학교를 무대로 한 뮤지컬 영화다. 시리즈 3탄까지 있다. 고교생의 일상표현을 배우는 데 최적이다.

⊙DVD **Hannah Montana**

보통의 학생으로 생활하는 한편, 사실은 인기 탑의 아이돌 스타로서의 일면도 가진 한 여자아이의 이야기다. 중고등학교의 일상이 베이스에 깔린 이야기이므로, 또래의 원어민이 사용하는 영어표현을 알 수 있다.

문법학습에 대해서는 나이와 학년으로 무의미한 한계를 만들 것이 아니라, 전부를 끝낼 각오로 서슴없이 진도를 빼는 것이 좋다.

JPREP의 핵심 커리큘럼에서는 처음 1년 동안 중학교 3년의 문법 항목 모두를 한 차례 섭렵하도록 하고 있다. 2년째에 고등학교 1학년 수준의 문법을 추가적으로 학습하고, 3년째에 다시 한번 전체를 복습한다.

어느 정도의 영어 실력을 갖추고 있는 아이라면, 외국 출판사가 발매하는 문법서도 추천한다. 국내 참고서에 곧잘 소개되는 우리의 생활상이나 문화가 반영된 부자연스러운 소재로 문법을 배우기보다는 원어민이 생각하는 극히 자연스러운 영문에 친숙해지는 편이 보다 실천적인 문법 능력을 익힐 수 있다.

이들 문법서는 물론 영어로 쓰여 있지만, 영어권 대학으로 유학하는 비원어민 학생용으로 만들어져 있으므로 그렇게 어렵지는 않다. 가령 전치사 on과 over의 차이를 일러스트로 이해하기 쉽게 설명하는 등 상당히 유익한 방법들을 동원하고 있다.

전 세계의 영어학습자들이 호평한 문법 양서를 몇 가지 소개하면 다음과 같다. 꼭 참고하자.

Book Grammar in Use (Cambridge University Press)

세계적으로 높이 평가받으며 30년 넘게 읽혀오고 있는 문법의 기본적인 학습텍스트 시리즈. 비원어민 학습자가 틀리기 쉬운 것들에 대한 데이터 베이스를 토대로 연습메뉴가 구성되어 있다. 문맥 안에서의 세부 분류 등이 수험용 참고서에 비해 풍부하고, '사용할 수 있는 영어'를 익히는 데 최적화된 책이다. 대부분 ebook이 부록으로 달려있다.

- 미국영어판 : Basic Grammar in Use (초급/CEFR A1~B1레벨)
  Grammar in Use Intermediate (중급/CEFR B1~B2레벨)
- 영국영어판 : Essential Grammar in Use (초급)
  English Grammar in Use (중급)
  Advanced Grammar in Use (상급)

Book Active Grammar (Cambridge University Press)

이 역시 정평이 나있는 CD부록의 문법텍스트 시리즈다. 레벨별 3권으로 구성되어 있으므로, 우선은 1부터 시작할 것을 추천한다. 문법소개, 설명, 연습문제 3부 구성으로 우리에게도 익숙한 방식으로 되어 있다.

포인트 3 "한 권을 다 읽었다!"는 자신감을 갖게 하자

문법과 병행하면 좋은 것이 Reading 능력의 양성이다. 중고등학교의 학교 영어(수험)에서는 대부분 '장문'이라는 이름이 무색할 정도의 분량을 다뤄보는 것이 고작이다.

그렇게 해서는 영어를 읽을 수 있는 수준까지는 결코 도달할 수 없다. 오해를 무릅쓰고 말하면, 진짜 영문독해력이란 '책'을 읽는 힘이다. 즉, 큰 문맥을 가진 일정량의 텍스트의 취지를 재빠르게 파악하고 그것의 옳고 그름을 판단하는 능력이다.

이 능력이 있으면, 뉴스 기사가 됐든 비즈니스 서류가 됐든 학술논문이 됐든 독해가 걸림돌이 되는 일은 없다. 반드시 중학생일 때 '영어책 한 권을 통독했다!'는 체험을 하게 하자. (물론 모국어에서도 같은 논리가 성립된다.)

책을 고를 때 참고하면 좋을 것이 **렉사일 지수**(Lexile Framework for Reading)라는 기준이다. 이것은 영어문장의 난이도를 나타내는 지수인데, 내용의 어려움은 물론이고 어휘 수와 구문의 복잡성을 토대로 계산한다.

미국에서도 많은 아이들이 이 렉사일 지수의 판정 테스트를 받는다. 영어로 쓰인 어린이용 책 대부분에는 렉사일 지수가 기재되어 있으므로, 아이들은 자신의 독해력에 맞는 책을 고를 수 있다.

그렇지만 일부러 아이에게 판정 테스트를 받게 할 필요는 없다. 예를 들어 다음의 WEB 페이지에서는 샘플 테스트를 통해 자신의 렉사일 지수를 대충 파악할 수 있다. 게다가 〈렉사일 지수〉로 내 수준에 꼭 맞는 원서를 찾는 〈영어 읽기 추천 마법사〉라는 링크에서는 독해력에 맞는 서적을 단번에 검색할 수 있다.

🌐 Web Lexile 지수 알아보기와 영어 읽기 추천 마법사
(인터파크 도서)

http://book.interpark.com/display/main.do?_method=main ModuleLexile
&_style=imfs&bid1=LEXILE&bid2=Logo&bid3=001&bid4=001

이 외에도 참고하면 좋을 Reading의 소재와 그때 옆에 두면 좋을 사전이 있다. 이것들은 교양까지 동시에 높일 수 있을 법한 콘텐츠가 중심이 되어 있지만, 아이의 '기호'나 '흥미'가 무엇보다 중요하다는 것을 잊어선 안 된다. 만화를 좋아하는 아이라면 인기만화의 영어판을 보아도 좋을 것이다.

나도 중학생 때는 서양음악 듣는 것을 좋아했기 때문에, 가사집에 어떤 메시지가 들어있는지 탐닉하듯 읽었던 기억이 있다.

📖 Book Oxford Bookworms Library (Oxford University Press)

7단계 레벨로 구분된 시리즈 교재다. 책 읽기에 익숙하지 않은 아이는 레벨 1부터 시작하자. 내용 이해도를 체크할 수 있는 액티비티가 권말에 실려있다. 레벨 4 정도까지 가면 '나도 읽을 수 있다!'는 자신감을 반드시 느끼게 될 것이다. 음성도 있으므로 필요하면 보조로 이용하길 바란다. 우선은 한 권씩 통독하는 것을 목표로 삼자.

📖 Book Pearson English Readers (Pearson)

이것도 7단계 레벨로 구분되어 있는데, 우선은 1부터 시작하자. 문학이나 위인전뿐만 아니라 영화를 소설화한 것까지, 콘텐츠의 종류도 풍부하고 음성 CD가 있는 타이틀도 있다.

📖 Who Was? (Penguin Random House)

현재까지 120편 이상이 출판된 위인전 시리즈다. 예를 들어 『Who Was Steve Jobs?』는 출생부터 사망까지가 약 100페이지 분량의 문장으로 정리되어 있다. 대상연령은 원어민 9~12세. 렉사일 지수로는 660L인데, 초심자에게도 읽기 쉬운 단어로 쓰여 있다. 그 밖에도 『What Was?』나 『Where Was?』 시리즈가 있다.

📖 Cambridge Advanced Learner's Dictionary with CD-ROM (Cambridge University Press)
Book

정통파 영어사전으로 업그레이드한다면 바로 이것! 전체 어휘의 영국영어판과 미국영어판의 음성을 들을 수 있는 CD가 추가되어 있다.

📖 Collins Cobuild Basic American English Dictionary (Harpercollins)
Book

영어사전에 도전하고 싶은 사람을 위한 첫 사전. 일러스트도 많이 실려 있어서 아주 보기 쉽다. 풀 센텐스를 이용하여 정의하므로 용법도 동시에 배울 수 있다.

포인트 4 ‘실수를 두려워하지 않고 글쓰기’

이상에서 섀도잉, 문법학습, Reading에 관해 이야기했는데, 이 시기에는 ‘문자로의 표현=Writing’의 트레이닝도 동시에 진행할 필요가 있다.

집에서 하는 학습만으로 쓰기 능력을 높이기에는 현실적으로 다소 무리가 있다고 생각하는 분들도 있을 것이다. 앞서 소개했던 나 자신의 학습편력을 돌아보더라도, '4기능의 실력양성'이라는 측면에서 보면 '작문 트레이닝을 좀 더 했으면 좋았을걸' 하는 아쉬움이 없는 것도 아니다.

그 당시 나 나름대로 영문을 써보곤 했지만, 원어민 선생님이 학교에 상주해 있던 것도 아니라 첨삭을 받을 수도 없었다. 그러니 나의 영문이 어느 정도인지를 알지 못해 자신이 없었던 기억이 있다. SLA 연구자들 사이에서도, 작문의 첨삭지도가 효과가 있는지 없는지에 대해 논쟁이 있었던 때가 있다[9].

하지만 실제 교육현장에 몸담은 사람으로서 보면, 특히 말하기와 쓰기의 능력을 연마할 때는 기술론 이전에 심리적 브레이크를 어떻게 풀 것인가가 중요하다[10]. 내가 보기에는 이미 영문을 쓸 수 있는 능력이 충분해 보이는 아이인데, 선생님이 "자, 써보렴!" 하면 문법적인 실수를 두려워하여 좀처럼 연필을 굴리지 못하는 학생이 있다.

다소 틀리더라도 일단 영문을 써보는 연습을 지속해야 쓰기 능력은 향상된다. 물론 나도 첨삭지도를 중요하게 다루고 있지만, 선생님이 지적한 것을 모두 체득하여 응용하기까지는 상당

---

9   Nassaji & Kartchava, 2017; Sheen, 2010
10 Krashen, 1985

한 시간이 필요하다. 일단은 자꾸자꾸 문장을 써보는 것을 목표로 해야 한다.

이를 위해 가장 적당한 방법은 펜팔이다. 외국에 사는 또래이면서 동성인 친구에게라면, 실수를 두려워하지 않고 문장을 쓸 수 있었다는 이야기를 종종 듣는다. 더욱이 같은 애니메이션을 좋아한다거나 같은 장르의 음악 팬이거나 하는 공통의 취미나 관심사가 있으면, 아이도 '무엇이든 영어로 전해주고 싶다!'는 자세를 갖게 될 것이다.

아이들끼리 펜팔을 연결해주는 서비스를 이용해보자.

그런데 옛날의 국제우편과는 달리 지금은 SNS나 이메일 등이 있어서, 실시간으로 간단히 커뮤니케이션을 할 수 있게 되었다. 그뿐만 아니라 국제전화로 비싼 요금을 지불하지 않고도 무료로 음성통화나 영상통화를 할 수 있는 시대다.

이런 시대의 펜팔이 Writing 작법을 가르쳐주리라고 크게 기대할 수는 없지만, 심리적인 브레이크를 풀고 문장을 적극적으로 쓰는 연습을 할 기회로는 훌륭하다고 생각한다.

학교에서 영어수업을 시작하고 특히 시험공부에 전념하는 시기가 되면, 아무래도 페이퍼 테스트를 위한 '문법적으로 옳은 영어'라는 가치관이 아이들에게 침투할 수 있다. 하지만 바꿔 생각해보자. 우리가 모국어로 사용하고 있는 '국어'는 어디까지 문법적으로 정확할까?

　나처럼 여러 권의 책을 써온 사람도, 신문에 논설 등을 기고하면 신문사 데스크에서 새빨간 펜으로 여기저기 첨삭되는 경우가 있다. 문장력은 '정답/오답'으로 간단히 선을 그을 수 있는 것이 아니다. 끊임없이 갈고 닦아야 할 기술이다.

　그러므로 아이가 영어로 Writing을 할 단계가 되면, 세부적인 문법 항목보다 오히려 문장의 착상이나 내용, 전개 등에 주의를 기울이고 그에 있어서 뛰어난 점을 적극 칭찬해주는 것이 쓰기 실력의 향상에도 중요하다.

영어로 '지성과 교양'을 쌓는다
— Content and Language Integrated Learning (15-18세)

영어에 대해 배울 일은 이제 없다

뜬금없이 얼토당토않은 소리를 하는 것 같겠지만, 이 단계에서 어른이 할 수 있는 일은 거의 없다고 볼 수 있다.

만일 이 정도의 내용을 아이가 계속해왔다면, 이제 고등학교에서는 '영어를 공부할 단계'는 거의 끝났다고 할 수 있다. 이제 앞으로는 특수한 학습방법은 아무것도 필요하지 않다. 지금까지 익혀온 영어라는 도구를 사용해서, 어디까지 멀리 갈 수 있는가 - 그것이 관건이 되는 지점에 온 것이다.

또 만일 현역 고등학생 자녀가 지금 당장 영어가 뒤처져 있다면, 파닉스와 섀도잉의 존재를 알려주도록 하자. 이것만 철저하게 해둔다면, 어학 학습의 효율이 단번에 올라가는 건 물론이고 열등의식을 극복하는 실마리를 찾게 될 것이다.

CLIL로 '어휘력'을 꾸준히

그렇다면 앞으로는 무엇을 하면 좋을까? 말할 것도 없이 '영어를 배우는 단계'에서 '영어를 즐기는 단계'로 본격적으로 전환해야 한다.

이 책의 출발지점을 다시 한번 떠올려보자. 이 책이 지향하고 있는 것은 **일상회화의 영어 실력**(BICS)**이 아니라 학습언어능력**(CALP), '그저 영어를 말할 수 있는 아이'가 아니라 '정말 머리가 좋아지는 아이'였다. 그것을 위해서는 '영어를 배우고 끝!'이 아니라, 습득한 영어를 사용해서 지적인 인풋/아웃풋의 기회를 얼마나 지속적으로 학습에 도입할 수 있는가가 중요하다.

CLIL(Content and Language Integrated Learning)은 그야말로 이 발상을 토대로 한 학습어프로치다. 한 차례 영어 실력을 익혔다면, 언제까지나 영어 흉내만 내는 것은 낭비다. 실제 타석에 서서 레벨이 높은 영어콘텐츠에 승부를 걸어볼 일이다.

'대학입시에 도움이 될 콘텐츠인가?'에 대해서도 신경 쓸 필요는 없다. 대학생이 읽을 법한 인문과학이나 사회과학, 자연과학의 입문서, 나아가 세계적인 문학작품에도 도전해보길 바란다.

영어가 학습언어능력에 도달하면, 이번에는 실제로 학습하면서 능력을 축적해가면 된다. 특히 인터넷으로 영어정보에 액세스할 수 있을 정도로 해두면, 미래에 대학에서도 기업에서도 멋지게 활약하기 위한 기반이 된다.

그러는 동안 자연스럽게 어휘량도 늘고 좀 부족했던 문법 지식도 깊어지게 된다. 그런 의미에서 영어 실력이 한층 더 연마될 여지는 여전히 남아 있다. 하지만 그것은 어디까지나 결과론이다. 중점은 '실천'에 있다.

또한 국어를 방치하면 절대 안 된다. 책을 읽고, 부모님과 토론하고, 지역에서의 활동 등 조사학습을 하는 데는 당연히 모국어가 선택의 폭이 넓다. 아이의 배움을 영어에만 제한시킬 필요는 없다. 모국어로 할 수 있는 것은 모국어로 마음껏 도전해야 한다.

'여유가 있는 아이'는 영어로 자란다

현재 대학입시 개혁의 필요성이 한창 거론되고는 있지만, 전체적으로 보면 여전히 '공부=시험대비'라는 풍조가 지배적인 것도 사실이다. 시험은 잘만 대비하면 이해도가 낮아도 어느 정도 점수는 맞을 수 있다는 불편한 진실의 성질이 있다. 결과적으로 '시험대비를 위한 공부'만 지나치게 한 아이는 '점수는 잘 맞지만 실력(지력)이 따라주지 않는다'는 모순에 맞닥뜨리게 된다.

이것이 여실히 드러나는 것은 대학이나 회사에 들어간 '다음'의 일이다. 아무리 바쁘게 공부하고 잔재주로 학력을 높게 쌓아도, 지력을 연마하는 습관이 없는 탓에 벽에 부딪히는 아이는 적지 않다.

반면, 지금까지 이야기해온 방법들을 초등학교 3, 4학년 때부터 줄곧 계속해온 아이가 있다고 하자. 그 아이는 고등학교 1학년 단계에서 입시 '영어'의 득점이 90%를 수월하게 넘는다. 다소 어렵다는 시험을 풀어도 딱히 어려울 게 없다.

또 외국어 습득의 프로세스를 통해 논리적인 사고력도 갖추고 있으므로, 국어와 논술은 물론이고 수학에서도 많은 도움이 된다. 미지의 사건을 마주하는 지적 태도가 양성되어 있어, 사회나 과학 학습에도 별다른 저항 없이 따라갈 수 있다.

이렇게 입시라는 '시한'에 쫓겨서 어쩔 수 없이 공부하는 것이 아니라, '배움이 너무 즐거워서 공부한다'는 지극히 이상적인 상태가 아이 안에 싹트게 된다. 대학으로 가는 갈림길에서, 이 같은 바탕이 있는 것과 없는 것은 아이 인생에 미치는 영향이 하늘과 땅 차이다.

사춘기란 그냥도 고민이 많은 시기다. 그런데 우리나라 고교생들은 학교 수업, 동아리 활동, 보강, 학원, 모의고사, 기타 등등으로 빈틈없이 꽉 찬 일상을 보내며, 자신의 진로를 선택하고 대학입시라는 데드라인을 향해 앞만 보고 달려가야 한다. 한마디로 '너~무 바쁘다'.

이 시기의 아이들에게 필요한 것은 **여유**다. 나는 항상 뭔가에 쫓기는 듯한 고등학생들을 보면서 내심 생각하곤 한다 ㅡ "독서도 더하고, 사람도 더 만나고, 좋아하는 일을 찾아가면서 자기 인생에 대해 생각할 시간을 많이 가져야 할 텐데,"라고.

그리고 '영어 때문에 고생하지 않게 하는 것'이야말로 우리 아이들을 위한 변화의 지름길이라고 확신한다.

포인트 1 　영어로 아카데믹한 콘텐츠를 만나다

CLIL을 한다면, 미국 대학의 일반교양 과정에서 사용하는 교과서를 추천한다.

이때 기준이 되는 영어 실력은 TOEFL iBT 80점 정도다. 이것은 미국의 대학에 입학하는 데 필요한 수준이다. 또 중학교 졸업부터 고등학교 초급 정도의 교과 전반에 대한 지식을 상정하고 있다.

미국 대학의 일반교양 책을 읽자고 들면, 처음에는 모르는 단어들이 수두룩해서 읽어나가는 데 여간 애를 먹는 것이 아니다. 하지만 아카데믹한 세계에서는 각 분야에서 사용하는 용어들이 한정되어 있으므로, 단어를 일단 기억해두면 점점 읽는 속도가 빨라지게 된다. 그러므로 처음에는 좀 무리를 한다는 각오로 여러 분야의 교과서를 읽어보길 바란다.

이어서 대학 일반교양 과정의 교과 중에서도, 이해하기 쉽고 구체적으로 설명되어있는 것들 중심으로 소개하겠다. 이것들을 읽을 때는 하나하나의 문장을 구조적으로 파악하면서 읽을 뿐 아니라, 단락별로 대강의 취지를 파악하는 '**단락 읽기**'도 연습해야 한다.

미국의 대학 수업에서는 방대한 문헌과 자료를 미리 읽어오도록 한다. 모든 행을 일일이 다 읽어내리다가는 아무리 시간이 많아도 부족할 수밖에 없다. 이것은 비즈니스 현장에서도 요구되는 능력이므로 먼 안목으로 보더라도 반드시 도움이 된다.

영어로 훑어 읽는다고 하면 아주 고도의 기술처럼 들릴지 모르지만, 영어문장의 기본구조를 알면 그다지 어려운 일도 아니다. 익숙해지면 오히려 우리말 문장이 더 훑어 읽기가 어렵게 느껴질 것이다.

그도 그럴 것이 영어로 쓰인 학술적 문장은 개개의 단락이 'Theme → Topic Sentence → Evidence → Result'라는 구조를 갖추고 있기 때문이다. Topic Sentence만 골라 읽어도 상당히 정확하게 흐름을 파악할 수 있다.

📖 **Book** **Comparative Politics Today[11th Edition]** (G. Bingham Powell, Jr. etc./Pearson)
외국의 정치제도에 대한 지식이 없는 탓에, 해외뉴스의 영어를 이해하지 못하는 경우가 있다.
이 책은 그 기초지식을 보강하기 위해 최적화된 비교정치학 교과서이다.

영미뿐만 아니라 우리나라를 비롯한 주요 민주주의 국가들, 중국과 브라질 등의 정치와 경제에 대한 이해를 높일 수 있다.

📖 Book **Civilization : The West and the Rest** (Niall Ferguson/ Penguin Press)

역사학이라면 역시 이 책이다. 하버드대학에서 활약해온 경제사의 대가 퍼거슨의 명저. 미국과 서유럽 국가들이 어떻게 근대를 석권할 수 있었는지를 경쟁, 과학, 소유권, 의학, 소비, 노동이라는 6가지 키워드로 이해할 수 있는 책.

📖 Book **History of Western Philosophy** (Bertrand Russell/ Routledge)

철학이라면 이 책. '러셀의 역설'로 널리 알려진 영국 출신의 철학자이자 논리학자이며 수학자인 러셀의 '서양철학사'다. 800페이지에 달하는 대저서. 고등학교 윤리 분야 수업에서 깊이 알고 싶었던 철학자 항목만 골라 읽어봐도 양질의 지적체험을 할 수 있다.

📖 Book **Sociology[8th Edition]** (Anthony Giddens and Phillip W. Sutton/Polity Press)

사회학 입문서. 사회란 무엇인가, 가족이란 무엇인가, 일탈 행위란 무엇인가 등을 평이한 영어로 설명하고 있다. 사회과학 전반의 교과서가 다 그렇듯이, 익숙해지면 우리말 번역보다 영어 원서가 훨씬 이해하기 쉽게 느껴질 것이다.

📖 Book **Campbell Biology[10th Edition]** (Jane B. Reece etc./ Pearson)

자연과학이라면 이 책. 미국의 일반교양 과정에서 사용되는 생물학 교과서.

픽션 읽기에 도전

CLIL이라고 하면 학교 교과학습을 떠올리기 쉬운데, 이때 사용하는 콘텐츠가 꼭 논픽션일 필요는 없다. 오히려 어휘를 늘리거나 문법 지식을 쌓거나 독특한 표현을 배우기 위해서는 세계문학이나 판타지 같은 픽션 장르의 책을 다루는 것도 효과적이다.

단, 문학작품은 아카데믹한 문장보다도 어려울 가능성이 있다. 의외라고 생각할지 모르지만, 픽션은 장면전환에 따라 등장하는 어휘도 달라지고 등장인물에 따라 사용하는 표현도 달라진다. 단락 쓰기라는 규칙도 없으므로 독자가 흐름을 잘 따라가며 읽을 필요가 있다.

그렇다고 독자의 영어 실력에 맞춰 지나치게 간단한 픽션을 고르면, 이번에는 콘텐츠의 대상연령이 낮아져서 결국 아이가 재미를 느끼지 못할 가능성도 있다. 앞에서 소개한 렉사일 지수 등을 참고하면서 아이가 좋아하는 책을 만날 수 있도록 도와야 한다.

📖 To Kill a Mockingbird (Harper Lee/Harpercollins)
Book
미국에서는 <고교생이 읽어야 할 책> 리스트에 반드시 들어가 있는 책이다. 대학에서의 수업은 '이런 책을 읽었다'는 전제하에 진행되기 때문에, 유학을 준비하는 학생이라면 필독할 것. 앨라배마주에서 열리는 어느 흑인의 재판에서 벌어지는 백인배심원의 편견과 인종차별을 다루고 있다.

📖 **WiCKED (Gregory Maguire/Headline Review)**
Book

세계적인 명작 판타지 『오즈의 마법사(The Wonderful Wizard of Oz)』의 스
핀오프 스토리다. 적이었던 '나쁜 서쪽 마녀'의 시점에서 이야기를 진행
시켜 나간다. 우리말로 번역된 『오즈의 마법사』를 읽어본 적이 있다면,
그것을 실마리 삼아 충분히 읽을 수 있다. 영화화된 것도 있고 뮤지컬도
있으므로 여러 형태로 작품을 즐겨보길 바란다.

📖 **Norwegian Wood (Haruki Murakami/Vintage)**
Book

일본문학을 영어로 번역한 책. 『노르웨이의 숲』 외에도 무라카미 하루키
의 영어판 작품들이 다수 있다.

📖 **Sparknotes (Spark Publishing)**
Book

http://www.sparknotes.com/

마지막은 독서요령을 알려주는 독서가이드 시리즈다. 어휘나 표현이 독
특하고, 보통 방법으로는 읽기 어려운 세계의 명작문학이 짧고 이해하기
쉬운 다이어트판으로 정리되어 있다. 독서 본연의 즐거움은 반감될지 모
르지만, 처음의 단서로 검토해두면 좋을 것이다. 시리즈와 연동된 사이
트에서는 '현대어 번역'의 셰익스피어 저서 등을 무료로 읽을 수 있다.

포인트 3 국내에 있으면서 외국 체험

외국에서의 홈스테이 경험을 포함해, 고등학생 시절에 영어권
학교로의 **단기유학**도 추천한다. 하지만 비용이나 기간 문제, 무엇
보다 부모님의 걱정으로 실행하기 어려운 가정이 많을 것이다.

그런 경우에는 국내에 있으면서 해외체험을 할 수 있는 플랜
을 이용해보는 것도 한 방법이다. 이 같은 프로그램에 참가하여

실제로 영어를 사용해보면, 자기 안에 자신감이 생기는 것은 물론이고, 나중에 유학할 때를 대비한 마음의 준비가 되기도 한다.

또 **온라인 영어회화**에도 다양한 서비스가 등장하고 있으므로, 자택에 있으면서 일종의 해외체험이 가능하다. 어른을 위한 것뿐 아니라 아이들도 이용 가능한 서비스가 있으므로, 우선은 몇 가지를 '시험 삼아' 이용해보면 어떨까.

포인트 4 ▶ **해외유학은 인생 자체를 바꾼다**

여러 가지 테크놀로지를 이용해 해외체험을 하는 것도 멋지지만, 역시 실제 체험 특히 **해외유학**에 비할 수는 없다.

방학을 이용한 한 달간의 해외 유학만으로도 아이에게는 일생일대의 체험이 될 것이다. 지자체의 교환유학제도를 이용해도 좋고, 요즘에는 외국에서의 '한 달 살기'라는 유학상품도 많다고 들었다.

아이의 영어에 대한 열정과 의기투합하여 해외로 보내보는 것도 좋다. 아직 영어에 자신이 없는 아이라도, 스포츠나 음악 같은 공통점이 있으면 의외로 간단히 커뮤니케이션을 할 수 있게 된다. 그런 체험만으로도 영어에 대한 열등의식을 극복하는 계기가 되기도 한다.

외국대학으로 진학을 고려하고 있다면, 아이와 함께 미리 현지를 견학해보기를 추천한다. JPREP 여름캠프에서도 매년 코네티컷주 뉴헤이븐에 있는 예일대학까지 학생들을 데리고 가도록 하고 있다.

처음에는 두려워하던 학생들도 현지 학생과 교수들의 여러 이야기를 듣노라면 서서히 표정들이 달라진다. 그때마다 시대를 막론하고 현지에 발을 디뎌보아야만 비로소 알게 되는 것이 반드시 있다는 사실을 실감한다.

나의 첫 번째 유학 경험은 대학 3학년(21세) 때 갔던 캘리포니아대학 샌디에이고 캠퍼스(UCSD)였다. 그때의 유학이 모든 것의 시작이었다고 생각한다. 현지에서 강의를 들었을 때의 충격은 지금도 잊을 수가 없다.

솔직히 그때까지의 나는 '학교 공부가 즐겁다!'고 느낀 적이 거의 없었다. 더 솔직히 말하면 학교 수업이 싫었고, 초등학교부터 고등학교까지를 돌이켜봐도 거의 좋은 추억이 없다.

대학에 진학한 후에, 집단으로 강의를 듣는데도 학생들끼리 토론하는 일도 없이 그저 교수의 강의가 지루하게 이어지는 데에는 실망 그 자체였다. 동급생들도 대부분 마지못해 수업에 참석하고 있었으므로, 그런 분위기가 고통스러워 견딜 수 없었다.

그랬던 내가, 그때의 유학을 통해 처음으로 진정한 학문을 만

났고 배움의 진정한 기쁨을 맛보았다. 텍스트를 읽고 토론하면서 이해는 깊어졌다. 그런 트레이닝을 반복하는 동안, 표현력도 향상되었다. 이 같은 배움의 방식이야말로 우리의 교육이 놓치고 있는 것임을 깨달았다. 그런 유학체험이 가능했던 나는 정말 운이 좋았다고 생각한다.

국내 학교에서 즐겁게 배울 수 있다면 더할 나위 없이 좋고, 우리나라 교육도 앞으로 조금씩 나아지게 될 것이다.

그래도 역시 유학에는 아이의 인생을 좌우할 힘이 있다. 만일 아이가 벽에 부딪혀 발버둥을 치고 있다면, (물론 본인의 의사가 제일 중요하지만) 해외유학을 슬쩍 권해보는 것도 좋은 방법일지 모른다.

이쯤에서 내가 평소에 JPREP의 학생들에게 자주 하는 말을 소개하고자 한다.

고등학생 때 대학생처럼 책을 읽어라.
대학생이 되면 대학원생처럼 리포트를 써라.
대학원생이 되면 최첨단에 서라, 즉 유학을 가라.
두 개 이상의 전공을 익히고, 세상에 새로운 가치를 제공할 수 있는 인간이 되어라.
대학입시 점수밖에 자랑할 것이 없는 어른은 되지 마라.

에필로그

'세계에서 통용되는 사람'이란?

"준 씨, 왜 그들은 도쿄대를 나왔는데 '못하는' 걸까요?"

외국의 일류 대학원에서 MBA를 취득하고, 전 세계에 지사를 둔 이른바 다국적 기업에서 관리직을 역임하는 지인으로부터 이런 질문을 들은 적이 있다.

그가 몸담은 기업의 일본법인에는 매년 유명대학을 졸업한 신입사원들이 입사한다. 그런데 그들 때문에 실망하는 일이 한둘이 아니라는 것이다.

"특히 어떤 점에서 실망을 하십니까?"

내가 이렇게 반문하자 그는 대답했다.

"두 가지예요. 먼저 영어를 못합니다. 그리고…… 학력이 낮아요."

영어 실력에 대해서는 충분히 말해왔지만, 들어가기 그렇게 어렵다는 '유명대학 출신자'더러 학력이 낮다니? 의외라고 생각할지 모르지만, 나로서는 내심 짐작이 가는 바가 있었다.

단적으로 말하면, 서로가 말하는 '학력'의 정의가 다르다.

우리가 말하는 학력이란, '과거'에 배워온 결과를 말한다. 그러므로 대학입시에서도 지금까지 얼마만큼을 배웠는지를 페이퍼 테스트로 측정한다. 테스트에는 명확한 정답과 모범답안이 준비되어 있으므로, 대개는 이것을 암기만 하면 대학에는 합격할 수 있다. 대학에 들어간 후에도 강의의 시험대책은 변함없이 과거에 배운 것을 확인하는 문제고, 법조인이 되기 위해서도 공무원이 되기 위해서도 한결같이 시험공부다.

요컨대 우리의 엘리트가 자랑할만한 것은 '과거'의 학력, 그것도 고작해야 스무 살 전후의 학력뿐이다. 나도 국회의원이었을 때, "정부관료들은 입성할 때의 두뇌가 피크다. 그때부턴 서서히 바보가 되어간다!"라고 농담처럼 하는 소리를 들은 적이 있다.

반면에 미국의 대학, 특히 예일이나 하버드 같은 일류대학에서는 '장래'에 걸쳐 지속해서 배우는 힘이 요구된다. 페이퍼 테스트도 있긴 하지만, 지식을 어느 정도 암기하고 있는가보다는

'자신의 답안'을 그 자리에서 만들게 하는 출제가 중심이다. 즉, 사고와 표현의 방법론을 체득해온 학생이 절차탁마하고 있다.

또 입학 후에 연구하고 싶은 것을 정리한 '지원동기서'도 중요한 평가대상이다. 대학은 이것을 보면서, 그 학생의 입학 이후의 성장 가능성을 판단하려고 한다. 장래에 꾸준히 배울 수 있는 잠재 능력이야말로 그 학생의 '학력'이라는 발상이 베이스에 깔려있다.

다국적 기업에 다닌다는 그가 기대하는 것은 후자의 학력을 의미한다. 즉, 이 책에서 '지력'이라고 불러왔던 그것이다. 이 점이 서로 어긋나기 때문에, 그는 '학력이 너무 낮은 신입사원'에게 좌절을 느끼는 것이리라.

부모님들이 "외국의 일류대학에 들어가기 위해서는 무엇이 필요할까요?"라고 물어오면, 솔직히 나 역시 그와 비슷한 대답을 한다. 다만, 내가 생각하는 요건은 두 가지가 아니라 세 가지다.

첫째는 영어 실력. 영어권 대학에 가는 것인 만큼, 학문의 세계에서는 영어가 공통어이므로 영어 실력은 대전제다.

그리고 또 한 가지가 학력. 물론 이것은 자신의 머리로 생각하고 자신의 관심에 근거하여 미래를 위해 배워갈 힘, 즉 지력을 말한다.

그렇다면 마지막 세 번째는 무엇일까?

나는 타인에게 공헌하는 힘이라고 말한다.

실제로 미국의 교실에서는 '다른 학생의 배움에 대한 공헌도' 를 평가하는 문화가 있다. 가령 학생의 의견이 틀렸더라도 그 것이 다른 학생의 배움에 플러스가 된다면, 선생님은 반드시 "Thank you. Very good. You are getting there."라고 말한다.

학생들도 '이것은 다른 모두를 위한 것'이라고 믿고 있으므로, 질문을 주저하지 않는다. 선생님도 당연히 "Good question!"이 라고 말한다. 이것은 질문의 단면이 '훌륭하다'라기 이전에, 모두 의 이해를 돕는 기회를 만들었다는 사실이 '훌륭하다'는 것이다.

미국의 대학입시에 응시할 때 '추천서'가 요구되는 것도, '이 학생은 학문을 통해 타인에게 어느 정도 공헌할 수 있는 인재인 가'를 확인하기 위함이다. 그리고 '이 학생은 주변에 긍정적인 영향을 줄 것이다'라는 확신이 설 때, 비로소 입학을 허가한다.

'타인의 배움에 공헌한다' ─ 이 감각이 바로 우리 아이들에게 가장 결여된 것이다. 테스트에서 좋은 점수를 받으면 '내가 열심 히 했기 때문이야!'라고 믿어 의심치 않는다. 자신의 성적에 '사 적 소유권'을 주장하는 것이 당연하다는 문화가 뿌리박혀 있다.

하지만 그런 마음으로 미국의 대학에 가면, 틀림없이 겉돌게 되고 고생하게 된다.

아니, 우리나라가 됐든 외국이 됐든 마찬가지다. 그러니 부모 님과 선생님 여러분, 꼭 한번 생각해 봐 주길 바란다.

영어를 마스터한 후 아이/학생이 어떻게 되길 바라는지?

동급생에게 성적으로 앞서길 바라는가?

좋은 학교에 합격하길 바라는가?

월급이 많은 직업을 갖길 바라는가?

세계 어디서나 즐겁게 살기를 바라는가?

어느 것 하나 중요하지 않은 게 없다.

하지만 정말 이것뿐일까?

영어를 통해 많은 사람에게 도움을 주는 사람이 될 수 있다면?

멋지지 않은가?

그것이 진정한 의미의 '세계에서 통용되는 사람'이 아닐까?

나는 그렇게 믿고 지금의 일을 하고 있다.

여기까지 읽어주신 여러분께 진심으로 고마움을 전한다.

또한 이 책을 집필하면서 많은 선생님과 우리 학원 스태프의 의견을 들었다. 그러나 이 책의 내용이나 사실관계에 대해 설령 잘못된 것이 있다면, 그것은 전적으로 저자인 나에게 책임이 있다.

사이토 준

에필로그 2

'학원 같은 건 없어지면 좋겠어요'

사이토 준 선생님의 『정말로 머리가 좋아지는 세계 최고의 아이 영어』, 어떠셨나요?

정말 분에 넘치게 이 책의 담당 편집자 입장에서 '후기'를 쓰게 되었습니다.

저는 현재 서른여섯, 두 아이(5세와 3세의 남자아이)의 아빠입니다. 같은 세대의 부모들이 '아이의 영어교육'에 예사롭지 않은 관심을 가지고 있다는 것은 전부터 실감하고 있었습니다.

대학시절에 친구들과 이야기를 할 때도 "아들이랑 딸한테는 영어만큼은 꼭 시킬 거다!"라는 다짐의 말을 곧잘 듣곤 하였습니다(학창 시절에 그들이 영어공부를 했던 기억은 거의 없지만 말입니다, 하하).

그런데 그들 중 한 친구가 이렇게 툭 내뱉었습니다.

"그래도…… 영어만 잘하는 아이로 키우고 싶진 않다!"

그의 말에는 저도 크게 공감합니다. 국내에서도 이 정도로 영어교육 개혁 문제가 시끄러운데, 아이들이 어른이 될 무렵에는 영어만 잘해서는 그다지 희소가치가 없을 것 같습니다.

"'아이 영어'를 위한 책을 만든다면, '영어 그 너머의 미래'에도 영향을 미칠 수 있는 내용이면 좋겠다."라는 의도를 기획의 출발단계에서 사이토 선생님께 전달했습니다.

사이토 선생님과 책을 만든 건 사실 이번이 두 권째입니다.

『세계 비원어민 엘리트의 영어공부법』의 기획서를 가지고 선생님을 찾아뵌 것이 2012년 가을. 당시의 JPREP는 작은 세탁소의 위층에 자리한, '마을의 작은 학원'이라는 느낌이었습니다. 사이토 선생님은 예일대에서 일본으로 돌아와 영어학원을 시작한 '괴짜'였습니다.

그래도 선생님은 "이 정도로 왜곡된 상식이 만연해 있는 분야도 드물기 때문에, '당연한 방법'만 전달해도 충분합니다."라며 대단한 성과를 확신하고 있는 모습이었습니다.

결국 그 예언은 적중했습니다. 당시 50명이 조금 넘던 학생 수가 지금은 그 몇십 배의 규모가 되었고, 학원 건물도 확장에 확장을 거듭했습니다. 선생님의 말씀을 믿지 않았던 것은 아니지만, 단기간에 이렇게까지 되리라고는 꿈에도 생각하지 못했습니다.

그렇지만 '역시 이것은 우연이 아니다!'라는 확신이 있었던 것도 사실입니다. 기획에 참고가 될까 하여 KIDS클래스 수업을 견학했을 때. 원어민 선생님이 질문을 하면, 교실에 있던 6~7세 아이들 12명 전원이 눈을 반짝이면서 씩씩하게 손을 번쩍번쩍 듭니다. 게다가 대답은 짤막짤막한 단어가 아니라 훌륭한 문장! 학원에 다닌 지 1년도 안 된 아이들이라는 말을 듣고 또 한 번 놀랐습니다.

이 책에는 결코 기상천외한 방법이 들어있지 않습니다. 이것만 있으면 충분하다는 '마법의 지팡이'도 없습니다. 실천의 다양성과 추천 교재는 듬뿍 소개하고 있지만, 근저에는 '당연하고 간단한' 방법이 자리하고 있습니다.

하지만 그 '위력'을 KIDS클래스에서 눈으로 직접 확인한 이상, 쓸데없이 다른 뭔가를 추가할 필요도 없이 그저 이 한 권을 잘 편집하는 데에만 전념하였습니다.

만일 '이 책에는 당연한 것만 적혀있다'고 느끼셨다면, 그 독자분은 이미 옳은 지식을 충분히 가지고 계신 거라고 생각합니다(나머지는 실천 뿐!).

한편 '몰랐다!' '읽기를 잘했다!'는 발견을 하나라도 하셨다면,

담당 편집자로서 가슴을 쓸어내릴 따름입니다.

"후지타 씨, 나는 학원 같은 건 없어지면 좋겠어요."

이 책을 만드는 과정에서 사이토 선생님이 이런 말씀을 하신 적이 있습니다.

영어학원 대표인 분의 말씀이라기엔 조금 충격적인 발언이 죠?

일본의 공교육에서 '당연한 영어지도'가 실현되고 아이들의 영어 실력과 지력이 제대로 성장할 수 있다면, 애당초 학원이란 불필요할 것이고 그것이 이상적이지 아니겠느냐는 뜻의 말씀 같았습니다.

만일 그 일조가 될 수 있는 책을 만드는 데 미력하나마 도움이 되었다면, 편집자로서도 그보다 기쁜 일은 없을 것입니다.

후지타 유(藤田悠)

참고문헌

Asher, J.J. (1966). The Learning Strategy of The Total Physical Response: A Review. the modern language journal, 50(2), 7984

Baker, C. (2011). Foundations of bilingual education and bilingualism(5th ed.). Multilingual Matters.

Bialystok, E. (2001). Bilingualism in development: Language, literacy, and cognition. Cambridge University Press.

Bialystok, E. (2009). Bilingualism: The good, the bad, and the indifferent. Bilingualism: Language and cognition, 12(1), 311.

Bialystok, E. (2011). Reshaping the mind: The benefits of bilingualism. Canadian Journal of Experimental Psychology/Revue canadienne de psychologie expérimentale, 65(4), 229

CelceMurcia, M., Brinton, D.M., & Snow, M.A. (2014). Teaching English as a Second or Foreign Language(4th ed.). National Geographic Learning.

Costa, A., & Sebasti nGall s, N. (2014). How does the bilingual experience sculpt the brain?. Nature Reviews Neuroscience, 15(5), 336345.

Craik, F.I., Bialystok, E., & Freedman, M. (2010). Delaying the onset of Alzheimer disease Bilingualism as a form of cognitive reserve. Neurology, 75(19), 17261729.

DeKeyser, R.M. (2000). The robustness of critical period effects in second language acquisition. studies in second language acquisition, 22(4), 499533.

Dörnyei, A. (2001). Teaching and researching: Motivation. Longman.

Dörnyei, A., & Ushioda, E. (Eds.). (2009). Motivation, language identity and the L2 self(Vol.36). Multilingual Matters.

Ellis, N.C. (2009). Optimizing the input: Frequency and sampling in usagebased and formfocused learning. The handbook of language teaching, 139.

Gass, S.M. (2013). Second language acquisition: An introductory course. Routledge.

Gilmore, A. (2007). Authentic materials and authenticity in foreign language learning. Language Teaching, 40, 97118.

Kormos, J. (2014). Speech production and second language acquisition. Routledge.

Krashen, S.D. (1982). Principles and practice in second language acquisition. Pergamon.

Krashen, S.D. (1985). The input hypothesis: Issues and implications. AddisonWesley Longman Ltd.

Lightbown, P.M., & Spada, N. (2013). How languages are learned(4th ed.). Oxford University Press.

Loewen, S., & Sato, M. (2017). The Routledge Handbook of Instructed Second Language Acquisition. Routledge.

Long, M.H. (1996). The role of the linguistic environment in second language acquisition. Handbook of Second Language Acquisition, 2(2), 413468.

Muñoz, C. (2006). Age and the rate of foreign language learning (Vol.19). Multilingual Matters.

Nassaji, H. & Kartchava, E. (2017). Corrective Feedback in Second Language Teaching and Learning. Routledge.

Noels, K.A., Pelletier, L.G., Clément, R., & Vallerand, R.J. (2000). Why are you learning a second language? Motivational orientations and selfdetermination theory. Language Learning, 50(1), 5785.

Norris, J.M., & Ortega, L. (2000). Effectiveness of L2 instruction: A research synthesis and quantitative metaanalysis. Language Learning, 50(3), 417528.

Oxford, R.L. (1990). Language Learning strategies: What every teacher should know. Newbury House.

Richards, J.C., & Rodgers, T.S. (2001). Approaches and methods in language teaching(2nd ed.). Cambridge University Press.

Ryan, R.M., & Deci, E.L. (2000). Selfdetermination theory and the facilitation of intrinsic motivation, social development, and wellbeing. American Psychologist, 55(1), 68.

SavilleTroike, M., & Barto, K (2016). Introducing second language acquisition. Cambridge University Press.

Sheen, Y. (2010). Differential effects of oral and written corrective feedback in the ESL classroom. Studies in Second Language Acquisition, 32(2), 203234.

Skehan, P. (1998). A cognitive approach to language learning. Oxford University Press.

Spada, N., & Tomita, Y. (2010). Interactions between type of instruction and type of language feature: A MetaAnalysis. Language Learning, 60(2), 263308.

Swain, M. (1993). The output hypothesis: Just speaking and writing aren't enough. Canadian Modern Language Review, 50(1), 158164.

Swain, M. (1995). Three functions of output in second language learning. Principle and practice in applied linguistics: Studies in honour of HG Widdowson, 2(3), 125144.

Swain, M. (2005). The output hypothesis: Theory and research. Handbook of research in Second Language Teaching and Learning, 1, 471483.

和泉伸一(2009)『''フォ_カス・オン・フォ_ム'を取り入れた新しい英語教育』大修館書店

村野井仁(2006)『第二言語學習研究から見効果的な英語學習法・指導法』大修館書店

吉田研作(2010)「日本の英語教育政策の理論と課題　一貫した英語教育体制の構築を目指して」田尻英三・大津由紀夫　編　『言語政策を問う!』ひつじ書房